Goldhamster

gesund & aktiv

> Autorin: Christine Breitkopf | Fotos: Regina Kuhn

W0198575

Inhalt

Wohlfühl-Heim

Fit-und-gesund-Programm

Kennenlern-Programm

Beschäftigungs-Programm

Anhang

➤ **GU Serviceseiten**

Wohlfühl-Heim

Kleiner Freund ganz groß

Der Goldhamster wird im 18. Jahrhundert das erste Mal in der Literatur erwähnt. Doch erst um 1930 konnte Professor Aharoni von der Universität Jerusalem wilde Goldhamster einfangen und vermehren. Er schickte die von ihm gezüchteten Tiere an verschiedene Universitäten und Zoos. In Deutschland tauchten Goldhamster erst um 1948 auf, seitdem erobern die Gesellen unsere Wohnstuben.

Aufmerksam beobachtet der kluge Goldhamster seine neue Umgebung.

Aufregendes Wildlife

Der wild lebende Goldhamster gehört einer bedrohten Art an, die nur auf der aleppinischen Hochebene in Syrien beheimatet ist. Im Sommer ist es dort tagsüber sehr heiß, nachts kühlt es sich stark ab und im Winter wird es sehr kalt. Der Goldhamster hat seine Lebensweise ganz diesen Bedingungen angepasst.

Eifriger Baumeister: Der Lebensraum des kleinen Nagers ist das freie Feld. Dort gräbt er seinen großen Bau, der 40 bis 90 cm tief unter der Erde liegt und meistens aus drei Kammern besteht. Die größte ist der Vorratsraum, hinzu kommen eine dick mit Gras und Blättern ausgepolsterte Schlaf- sowie eine Toilettenkammer, denn Hygiene ist dem Goldhamster sehr wichtig. In seinem unterirdischen Bungalow ist es selbst an heißen Tagen noch angenehm kühl, so dass der Nager auch im Sommer nicht unter der Hitze leiden muss, wenn er dort den Tag verschläft.

Anstrengender Job: Nachts geht der Goldie auf Futtersuche und verlässt sich dabei ganz auf sein ausgezeichnetes Gehör und seine gute Nase. Bei seinen nächtlichen Touren legt er große Strecken zurück, um seine Mahlzeiten zu sammeln, denn die Vegetation in seiner Heimat ist nicht

TIPP

Goldhamster-Steckbrief

- Der Goldhamster erreicht eine Körperlänge von 15 bis 18 cm, dazu kommt der 1 bis 1,5 cm lange Schwanz.
- Die Weibchen wiegen 80 bis 150 g, die Böcke können 100 bis 160 g auf die Waage bringen (→ Seite 43).
- Die Körpertemperatur beträgt 36,8 bis 38 Grad °C.
- Die kleinen Nagetiere erreichen mit etwa 4 Wochen ihre Geschlechtsreife, gezüchtet werden darf mit ihnen erst mit ungefähr drei Monaten.
- Die Lebenserwartung beträgt 1,5 bis 3 Jahre.

besonders üppig. Nur in der kurzen Erntezeit im Sommer gibt es reichlich Nahrung. Dann stopft der Goldhamster seine Backentaschen mit Getreide und anderen Leckereien voll und bringt das Futter in seinen Bau, wo er einen Vorrat für den Winter anlegt. Im Sommer futtert der eifrige Sammler dagegen fast alles, was er finden kann. Besondere Leckerbissen sind für ihn aber vor allem Insekten, Getreide und frische Kräuter.

Ausgeschlafen: Den Winter verbringt der Goldhamster in einer Art Winterruhe. Fallen die Außentemperaturen unter 10 °C, kuschelt er sich in sein warm gepolstertes Nest und verlässt den Bau nicht mehr. Wenn der Magen knurrt, ist der Weg zur gut gefüllten Vorratskammer ja nicht weit und so kann der Nager auch strenge Wintermonate gut überstehen.

Die Nager können sich stundenlang mit der Suche nach Futter beschäftigen, wenn sie ausreichend Gelegenheit dazu haben.

Charaktersache

Der Syrische Hamster ist ein absoluter Einzelgänger. Seine Artgenossen trifft er während der kurzen Paarungszeit im Sommer, danach trennen sich ihre Wege sofort wieder. Sollte sich doch einmal ein Artgenosse seinem Bau nähern, verteidigt der Hamster sein Heim energisch: Auch andere Tiere werden nicht in der Nähe seiner Unterkunft geduldet und verjagt. Jede Veränderung ihrer Lebensumstände versetzt die mutigen Kerlchen in höchste Alarmbereitschaft. Werden Sie gestört, können sie sehr wütend werden. Ansonsten sind Goldies ruhige und ausgeglichene Gesellen, die es mögen, wenn alles seinen gewohnten Gang geht – »Überraschungen« schätzen sie überhaupt nicht.

Die richtige Wahl

Bevor Sie sich entschließen, einem Goldhamster ein neues Zuhause zu geben, sollten Sie genau abwägen, ob er in Ihr Leben passt. Diese kleinen Wildtiere sollten niemals spontan angeschafft werden. Die Pflege eines Goldhamsters muss immer in den Händen eines Erwachsenen liegen. Sie eignen sich z. B. für berufstätige Menschen, die abends gern ein Tier beobachten oder für ältere Kinder.

Teddys benötigen mehr Pflege als ihre kurzhaarigen Hamster-Kollegen.

Warum ein Goldie?

Sie haben den Wunsch, ein neues Heimtier aufzunehmen, wissen aber nicht, ob der Goldhamster auch das richtige für Sie ist? Jeder Mensch hat eine bestimmte Vorstellung davon, wie sein tierischer Hausgenosse sein soll. Einige wünschen sich einen Gesellschafter, andere einen Sportsfreund oder ein Tier zum Kuscheln. Wenn Sie sich ein Heimtier wünschen, das den Tag verschläft und Sie erst fröhlich zum Spielen auffordert, wenn Ihnen abends schon die Augen zufallen, ist der Goldie genau richtig für Sie (→ Checkliste rechts).

Einzelgänger

Goldhamster leben in der Natur immer allein. Begegnen sich zwei Tiere, werden Sie sich im Normalfall heftig bekämpfen. Unsere kleinen Schützlinge sind genau wie ihre wilden Verwandten immer noch überzeugte Einzelgänger. Zwar sind manche Rassen friedfertiger gegenüber Menschen und auch gegenüber ihren Artgenossen, trotzdem möchte jedes Tier gern sein eigenes Revier für sich allein haben. Oft finden die Besitzer es traurig, wenn der Goldhamster sein Leben lang allein bleibt – der Hamster wird dann »vermenschlicht«. Deswegen wird immer wieder versucht, diese Nager in Gruppen oder zu zweit zu halten. Ich möchte von solchen Versuchen abraten. Warum sollte man einen Einzelgänger zwangsvergesellschaften? Goldhamster sind gern allein und möchten es auch bleiben. Eine Gemeinschaft, so harmonisch sie uns auch vorkommt, ist immer nur eine Zweckgemeinschaft.

Nachtschwärmer

Wild lebende Goldhamster stehen erst nach Sonnenuntergang auf und gehen beim Sonnenaufgang wieder schlafen. Auch unsere domestizierten Hausgenossen verschlafen den Tag und stehen erst am Abend auf. Einige der Nager gewöhnen es sich an, schon recht früh am Abend munter zu werden, um mit ihrem Besitzer zu spielen. Viele Gold-

Die vielen schönen Farbschläge und Zeichnungen machen die Auswahl des passenden Hausgenossen nicht immer leicht.

hamster aber werden erst um 22 Uhr wach und der Besitzer bekommt das Tier vielleicht gar nicht zu sehen, sondern kann nur am leeren Napf und am umgeräumten Käfig erkennen, dass sein Hausgenosse unterwegs war.

Ideal für Kinder?

Durch ihre Nachtaktivität sind Goldhamster leider keine interessanten Spielgefährten für kleine Kinder. Wenn das Kind morgens aufsteht, verschwindet er im Nest, kommt es aus der Schule und will spielen, schläft er noch und möchte nicht geweckt werden. Geht das Kind zu Bett, wird der Hamster munter, lärmt und tobt die ganze Nacht durch den Käfig. Goldhamster sind keine Schmusetiere, sie haben ihren ganz eigenen Willen und können sogar beißen, wenn sie gegen ihren Willen gegriffen werden. Hinzu kommt, dass der zierliche Nager mit seinem zerbrechlichen Körperbau schnell verletzt werden kann. Für ältere Kinder ab zehn Jahren können sie jedoch tolle Tiere sein, wenn die Kinder länger aufbleiben können und Spaß daran haben, ihren Goldhamster zu beobachten.

CHECKLISTE

Passt ein Goldhamster zu mir?

- ✔ Beobachten Sie lieber das Verhalten Ihres Heimtieres, statt mit ihm zu kuscheln?
- ✔ Haben Sie die Disziplin, das Tier nicht ständig zu wecken?
- ✔ Können Sie sich täglich mit Ihrem Hamster beschäftigen?
- ✔ Sind alle Familienmitglieder mit dem neuen Hausgenossen einverstanden?
- ✔ Leidet ein Familienmitglied an einer Tierhaarallergie?
- ✔ Haben Sie eine zuverlässige Urlaubsbetreuung für den Goldhamster (→ Seite 33)?
- ✔ Können andere Heimtiere Ihrem Hamster gefährlich werden (→ Seite 25)?

Goldhamster im Porträt

Neben dem klassischen Goldhamster gibt es viele schöne Farbschläge und hübsche Fellzeichnungen und hinter jedem Outfit steckt eine eigene große Persönlichkeit.

Wildfarbener Goldhamster: Die klassische Farbvariante ähnelt den wilden Artgenossen am meisten. Typisch sind die hellen Pfötchen, dunkle Augen, die dunkelbraunen Streifen am Hals und die hellen Haare an der Schnauze.

Creme-weiß gescheckt: Scheckenhamster galten lange Zeit als weniger friedlich und schwer zu zähmen – aber dieser freundliche Kerl weiß davon wohl nichts.

Schwarz-weißer Schecke: Die Scheckung ist individuell und tritt bei vielen Farben auf. Schecken werden meist größer als ihre Artgenossen.

Langhaarhamster (Teddy) wildfarben: Teddys brauchen mehr Fellpflege als kurzhaarige Kollegen, das Fell der Männchen wird meist länger.

Russen- oder Siamhamster: Sie sind meist kleiner als ihre Artgenossen. Die Knopfaugen der Russenhamster können schwarz oder auch rot sein.

Satinhamster lila-grau: Das schön glänzende Satinfell ist häufig weicher und von feinerer Textur als das normale Kurzhaar anderer Hamster.

Hellgrauer Hamster: Durch die einzelnen schwarzen Haare, das Ticking, sehen sie fast aus wie die kleinen Dsungarischen Zwerghamster.

Augen auf beim Kauf

Sie haben nun entschieden, dass ein Goldhamster der ideale Hausgenosse für Sie ist. Damit das Zusammenleben von Anfang an optimal verläuft, sollten Sie sich schon vor dem Einzug des kleinen Nagetieres überlegen, welcher Goldie der passende für Sie ist. Je besser Sie sich vorbereiten, desto harmonischer verläuft der gemeinsame Start.

Blanke Augen und neugieriges Verhalten – dieser Hamster ist topfit.

Welches Alter?

Junge Hamster sind am besten zu zähmen und es ist sehr niedlich, so einen kleinen Kerl aufwachsen zu sehen.

➤ Möchten Sie einen jungen Goldhamster zu sich nehmen, sollte dieser mindestens fünf bis sechs Wochen alt sein. Vorher braucht er noch Mutter und Geschwister, um von ihnen zu lernen.

➤ In Notfallvermittungsstellen warten viele ältere Tiere auf eine neues Zuhause. Mit einem älterem Hamster haben Sie den Vorteil, dass Sie ein Tier bekommen, dessen Charakter bekannt und das vielleicht schon zahm ist. Gerade, wenn Sie das erste Mal einen Goldhamster bei sich aufnehmen wollen, ist ein älterer Geselle eine gute Möglichkeit, um das Verhalten der Tiere kennen zu lernen.

Welches Geschlecht?

Da Goldhamster Einzelgänger sind, spielt das Geschlecht keine Rolle. Es ist zwar immer wieder zu hören, dass die Böckchen geruchsintensiver, friedlicher und leichter zu zähmen sein sollen als die Weibchen, aus eigener Erfahrung kann ich das aber nicht bestätigen. Wenn ein Hamsterkäfig stark riecht, liegt das an mangelnder Hygiene und nicht am Geschlecht des Bewohners (→ Seite 41).

TIPP

Unerwarteter Nachwuchs

Wenn Sie eine Hamsterdame kaufen, kann es passieren, dass sie bereits trächtig ist (→ Seite 30).

➤ Unerwarteter Hamsternachwuchs wird meist erst durch das hohe Fiepen im Nest erkannt.

➤ Klären Sie vorher ab, ob der Händler Ihnen die Jungtiere im Alter von fünf Wochen wieder abnimmt.

➤ Schöner ist es sicherlich, wenn Sie selbst neue Besitzer für Ihre Hamsterbabys finden. Dann wissen Sie, dass die Kleinen ein gutes Heim haben.

Das Geschlecht bestimmen: Bei jungen Goldhamstern ist das nicht leicht und selbst erfahrene Züchter erkennen das Geschlecht nicht immer zweifelsfrei. Bei den Böcken liegen die After- und Geschlechtsöffnung etwas weiter auseinander als bei den Weibchen. Weiterhin kann man bei den Böcken einen Hodenansatz erkennen, bei den Weibchen hingegen zwei Reihen von Zitzen. Die Weibchen haben zudem eine rundlichere Körperform mit rundem Po und breitem Becken, die Böcke ein eher spitz zulaufendes Hinterteil.

Junge Goldhamster verstehen sich nur bis zur Geschlechtsreife gut.

Sicher kaufen

Denken Sie daran, dass in vielen Tierheimen und Vermittlungsstellen nicht gewollte Hamsterchen auf ein neues Zuhause warten. Natürlich können Sie Ihren neuen Hausgenossen auch im Zoofachhandel oder bei einem Züchter (→ Adressen Seite 60) erwerben. Damit Sie erkennen, ob das Tier munter und gesund ist, sollten Sie es am späten Abend kaufen, wenn es wach ist und nicht erst geweckt werden muss. Folgendes sollten Sie beim Kauf unbedingt beachten:

Viel Platz: Die Tiere sind in großen Gehegen mit Häuschen untergebracht.
Sauber: Die Käfige und die Einrichtung sind sauber und riechen nicht unangenehm.
Topfit: Alle Goldhamster machen einen sauberen, gepflegten und gesunden Eindruck (→ Checkliste rechts).
Getrennt: Die Tiere sind nach Geschlechtern getrennt. Erwachsene Goldies werden allein im Käfig gehalten.
Kompetent: Der Verkäufer kann Ihre Fragen beantworten und nimmt sich Zeit für eine ausführliche Beratung.

CHECKLISTE

Gesundheits-Check

- ✔ Das Fell ist sauber, glänzend, dicht und ohne kahle Stellen.
- ✔ Augen, Nase, Ohren und Mäulchen sind weder verklebt, nass noch verkrustet.
- ✔ Der After ist sauber. Verschmutzungen weisen auf Durchfall hin (→ Seite 45).
- ✔ Der Hamster ist am Abend munter und neugierig, aber nicht hektisch und nervös.
- ✔ Die Hamster bewegen sich sicher und haben keine erkennbaren Verletzungen.
- ✔ Auch Tiere in anderen Gehegen haben keine erkennbaren Krankheiten.
- ✔ Die angebotenen Goldhamster sind alle schon mindestens fünf Wochen alt.

Schöner Wohnen

Mit einem Goldhamster kommt auch ein Stück Natur in Ihr Haus, denn der Nager »bringt« seinen Lebensraum mit zu Ihnen. Dieser Lebensraum sollte sehr groß und natürlich eingerichtet sein, damit sich Ihr Goldhamster sein ganzes Hamsterleben lang darin wohl fühlt.

Schlafzimmer mit Aussicht: Goldhamster haben eine ganz genaue Vorstellung davon, wie ihre Wohnung aussehen soll.

Die Hamsterwohnung

Damit der Goldhamster seine natürlichen Verhaltensweisen ausleben kann, benötigt er einen großen Käfig mit den Mindestmaßen 80 x 50 x 40 cm, größere Käfige sind allerdings tiergerechter. Hamster sind Wühler und Läufer, deswegen sollten Sie auf eine große Bodenfläche und eine hohe Einstreuwanne achten. Sie können zwischen verschiedenen Gehegen wählen.

Luftiger Gitterkäfig: Der Gitterkäfig bietet den Vorteil, dass er leicht in der Handhabung und praktisch zu reinigen ist. An den Gitterstäben können Trinkflaschen, Etagen (→ Seite 16) und Spielgeräte einfach befestigt werden und die Gitter bieten zusätzliche Kletterfläche. Die Nachteile sind, dass sie nicht hoch eingestreut werden können und Ihr Syrischer Hamster Streu herausbuddeln kann. Manche Hamster nagen sehr intensiv am Käfiggitter, was laut und störend ist (→ Seite 32). Achten Sie auf unlackierte, quer verlaufende Gitter mit einem Abstand von 8 bis12 mm.

Die Holz-Wippe ist eine Herausforderung für kleine Abenteurer und bringt etwas Abwechslung in den Hamster-Alltag.

Großer Glaspalast: Aquarien und Terrarien bieten den Vorteil, dass Streu nicht herausfällt, es keine Gitterstäbe gibt, die angenagt werden können und der Blick auf den Goldhamster ohne störende Gitter möglich ist. Nachteile sind, dass sie schwer und unhandlich und die Spielgeräte und Etagen schwieriger zu befestigen sind. In den Glasgehegen herrscht auch eine schlechte Luftzirkulation, deswegen sollten sie niemals höher als 40 cm sein. Da die Gitterwände zum Klettern fehlen und nicht so viele Etagen eingebaut werden können, sollte die Grundfläche des Aquariums immer deutlich größer als 80 x 50 cm sein.

Plastikgehege: Sie sind leicht zu reinigen, man kann die Streu sehr hoch einfüllen, sie haben ein geringes Gewicht und sind daher leicht zu handhaben. Allerdings herrscht auch hier eine schlechte Luftzirkulation und sie können leicht angenagt werden.

Zwei-Zimmer-Apartement: Große Käfige für Hamster sind leider immer noch sehr selten und deswegen schwierig zu beschaffen. Deshalb ist es oft sinnvoll, mehrere Käfige miteinander zu verbinden, um dem Goldhamster dadurch eine großzügige Erlebniswelt zu bieten. Die meisten Gehege lassen sich mit einem kleinem Holztunnel, der mit einem Drahtgitter gesichert ist oder einer großen Plastikröhre (→ Seite 57) von einer Tür zur anderen leicht verbinden.

Marke Eigenbau: Sie können natürlich auch ein großes Gehege selbst bauen. Wenn Sie an einem alten Regal aus unbehandeltem Holz eine Gittertür befestigen, können Sie daraus ganz einfach ein tolles Hamsterheim zaubern.

TIPP

Vorsicht Ausbruchskünstler

- Goldhamster können sich durch die kleinsten Öffnungen quetschen und nagen sich fast überall durch.
- An Gittertüren entstehen mitunter größere Abstände, durch die sich ein Goldhamster zwängen kann.
- Aquarienabdeckungen sind potenzielle Schlupflöcher, sie müssen mit einem starken Metallgitter gesichert sein – Fliegendraht kann durchgenagt werden.
- Plastikbodenwannen werden manchmal durchgenagt und müssen deshalb immer gut kontrolliert werden.

Die Inneneinrichtung

Die Einrichtung eines Goldhamsterheims sollte immer aus naturnahen Materialien bestehen. Aus Holz, Kork, Stein und Ton lassen sich wunderschöne Landschaften gestalten. Plastik wirkt nicht nur unnatürlich, es ist auch gefährlich, wenn es angenagt und verschluckt wird und für die Einrichtung des Hamsterheims deswegen ungeeignet.

Dicke Äste sind ein großer Kletterspaß und werden gern angeknabbert.

Lassen Sie Ihrer Phantasie bei der Inneneinrichtung freien Lauf und gestalten Sie einen möglichst naturnahen Lebensraum (→ Seite 52).

Die Einstreu: Damit der Goldhamster buddeln und Gänge bauen kann, sollte das Gehege mindestens 10 cm hoch eingestreut werden. Eine staubarme Kleintierstreu aus Holzspan, Hanf- oder Maisblättern ist dafür gut geeignet.
Sandbad: Für die Fellpflege benötigt der Hamster eine Schale mit Chinchillasand.
Das Schlafhäuschen: Damit Ihr Goldie genug Platz für sich und alle seine Vorräte hat, sollte sein Häuschen eine Kantenlänge von mindestens 18 cm und eine Höhe von 12 cm haben. Durch eine 7 cm große Türöffnung passt der Nager auch noch mit vollen Backentaschen prima durch.
Die Etagen: Holzetagen sind gut geeignet, um die Bodenfläche des Hamsterheims zu vergrößern. Verzichten Sie auf Gitteretagen oder decken Sie diese mit Holz ab, damit der Goldhamster nicht in den Gittern stecken bleibt und sich verletzt. Zwischen den Etagen sollte ein Höhenabstand von mindestens 20 cm liegen, damit der neugierige Nager sich dort bequem aufrichten kann. Bei hohen Käfigen sollten die Etagen so eingezogen werden, dass er nie tiefer als 40 cm fallen kann – Goldhamster können Höhen nicht gut abschätzen und stürzen deswegen leicht ab.
Die Hamstertoilette: Die meisten Goldhamster sind reinlich und urinieren in eine Ecke des Käfigs. Hier können Sie eine Ecktoilette aufstellen die es in verschiedenen Ausführungen im Zoofachhandel gibt, besonders geeignet sind Toiletten aus Keramik. Als

TIPP

Das richtige Laufrad

Laufräder können einen großen Käfig und Auslauf nicht ersetzen. Viele Modelle bergen sogar Verletzungsgefahren, daher ist die richtige Auswahl wichtig.

- Der Laufrad-Durchmesser muss 30 cm betragen.
- Standbeine sind eine Gefahrenquelle, eine Befestigung an der geschlossenen Rückseite ist besser.
- Die Rückseite muss geschlossen, die Einstiegsseite dafür ganz offen und ohne Haltestreben sein.
- Die Lauffläche muss geschlossen oder abgedeckt sein.

Zusätzliche Holzetagen bieten den unternehmungslustigen Gesellen mehr Lauffläche und dadurch mehr Bewegung.

Einstreu können Sie Sand, Buchengranulat oder normale Kleintierstreu verwenden. Katzenstreu oder Hamsterklumpstreu eignen sich nicht, diese können im Magen verklumpen oder ihr Staub die Lungen verkleben, sie sind auch oft chemisch behandelt.
Das Nestmaterial: Bieten Sie dem Hamster zur Auspolsterung des Nestes viel Stroh, Heu, unparfümierte und wasserlösliche Taschentücher oder Toilettenpapier, unbedrucktes Papier, getrocknete Blätter und Kräuter an. Hamsterwatte und Stoffreste sind nicht so gut geeignet, denn sie sind nicht atmungsaktiv, können die Backentaschen verstopfen oder Fäden ziehen, die dem Goldhamster die Gliedmaßen abschnüren.
Futternäpfe: Für die Frischfuttergaben sollte ein Futternapf vorhanden sein. Eine kleine Keramikschale mit einem Durchmesser von 6 bis 8 cm und mit niedrigem Rand ist ausreichend.
Trinkflasche: Befestigen Sie eine nicht tropfende Trinkflasche mit Kugelventil aus dem Zoofachhandel an der Wand oder platzieren Sie einen Wassernapf so, dass das Tier ihn nicht verschmutzen kann.

CHECKLISTE

Standort-Check

Zimmerwahl

✔ Tagsüber sollte es im »Hamsterzimmer« ruhig sein. Der Lärm der nächtlichen Ausflüge des Nagers kann stören, Schlaf- oder Kinderzimmer eignen sich deswegen nicht.

Hell und freundlich

✔ Wählen Sie einen zugfreien und hellen Platz aus, aber nicht in direkter Sonne oder dicht an der Heizung.

Frische Luft

✔ Dämpfe oder Zigarettenrauch verträgt der Hamster nicht.

Gutes Klima

✔ Eine Umgebungstemperatur von 21 bis 26 °C ist ideal, bei Temperaturen unter 10 °C kann der Hamster in Winterruhe fallen (→ Seite 7).

Fragen rund um Auswahl und Ausstattung

? Kann ich zwei Goldhamstergeschwisterchen zusammen halten, damit sie nicht allein sind?
Leider kann man auch die Geschwister nicht länger als bis zur Geschlechtsreife zusammen halten (→ Seite 31), dann möchten sie ihr eigenes Revier haben. Dort, wo die Goldhamster herkommen, ist die Vegetation recht karg. Mehrere der Nager in einem Revier könnten nicht ausreichend Futter zum Überleben finden. Diese Single-Lebensweise behalten auch die als Heimtier gehaltenen Goldhamster noch immer bei.

? Ich habe gehört, dass einige Laufräder gefährlich sind. Stimmt das?
Ja. Die meisten im Handel erhältlichen Laufräder sind für Goldhamster zu klein, dadurch biegt der Rücken zu sehr durch (vorn läuft der Hamster hoch, hinten läuft er runter) und es kann zu Rückenschäden kommen. Die beidseitige Aufhängung vieler Räder ist eine Gefahrenquelle, dort kann der Hamster sich einklemmen und sich Quetschungen und Brüche zuziehen. Plastiklaufräder könnten angenagt werden, die Splitter sorgen im Darm für schwere Verletzungen. Offene Speichen sind eine große Gefahrenquelle, dort können die Hamster ihre Füßchen einklemmen und schlimmstenfalls brechen. Nur wenige Laufräder sind wirklich zu empfehlen (→ Tipp Seite 16). Goldhamster mit viel Auslauf in einem großem Gehege benötigen kein Laufrad.

? Kann ich statt teurem Chinchillasand auch Vogelsand oder Sandkastensand verwenden?
Davon kann ich nur abraten. Chinchillasand besteht aus Bimsstein, die Körnchen sind abgerundet. Bau-, Sandkasten- oder auch Vogelsand bestehen aus Quarz und haben rauere Kanten. Diese Kanten sorgen für Haarspliss und Hautreizungen: Das Fell bricht und wird struppig. Dadurch kommt es bei Tieren, die im falschen Sand baden,

Versteck mit doppeltem Nutzen: Am rauen Stein werden auch die Krallen abgewetzt.

vermehrt zu Hauterkrankungen, wie Pilz- und Parasitenbefall. Vogelsand enthält zudem oft schädliche Zusätze, wie Anis und Muschelgrit.

? Ich habe neulich die Bezeichnung »Mittelhamster« in einer Zeitschrift gelesen. Was ist das genau?
Mittelhamster ist der Oberbegriff für alle mittelgroßen Arten. In der Heimtierhaltung ist es die Bezeichnung für den Syrischen Hamster (Goldhamster) und alle seine Farb- und Fellvarianten. Diese werden etwa 15 bis 19 cm lang (→ Tipp Seite 6). Dann gibt es noch verschiedene Zwerghamsterarten, z. B. Dsungarische Zwerghamster oder Roborowski Zwerghamster. Sie werden je nach Art zwischen 7 und 11 cm groß und wiegen um die 25 bis 50 g. Großhamster sind leider vom Aussterben bedroht, unser Feldhamster gehört dazu. Sie dürfen nicht als Heimtiere gehalten werden, sind ca. 20 bis 35 cm lang und haben ein Gewicht von 200 bis 500 g. Sie sind Generalisten und bewohnen meist Getreide- und Kleefelder, fühlen sich aber auch auf allen anderen Feldarten sehr wohl.

? Mein Goldie wohnt nicht in seinem Häuschen und schläft lieber woanders. Warum tut er das?
Goldhamster haben eigene Vorstellungen davon, wie das richtige Haus auszusehen hat und wo es stehen soll. Vielleicht steht das Haus an einer falschen Stelle, es ist zu klein, die Tür ist nicht groß genug, das Haus hat die falsche Form oder ist aus dem falschen Material. So lange der Goldhamster andere Versteckmöglichkeiten hat, ist es nicht bedenklich, wenn er lieber unter der Etage oder einem Baumstamm wohnt, einige ziehen sogar regelmäßig um.

? Stimmt es, dass manche Goldhamsterrassen leichter zu zähmen sind?
Es wird oft behauptet, dass z. B. Teddyhamster friedlicher und leichter zähmbar sind und sich gut mit Artgenossen verstehen, Schecken- oder Fleckenhamster dagegen schwer zu zähmen sind. Aus meiner Erfahrung kann ich das nicht bestätigen. Jeder Hamster, egal welcher Fellfarbe, besitzt seine Eigenarten. Wie zahm er wird, hängt davon ab, wo er herkommt und was er vorher erlebt hat.

MEINE TIPPS FÜR SIE

Christine Breitkopf

Das vollverdauliche Hamsterhaus

Ohne großen Aufwand können Sie für Ihren Goldhamster ein Schlafhäuschen basteln, das er bedenkenlos anknabbern kann.

- Pusten Sie einen Luftballon auf und wickeln Sie sechs Lagen unbedrucktes Toilettenpapier darum.
- Machen Sie das Papier nass und drücken Sie es ganz fest an den Ballon.
- Wickeln Sie noch einmal vier bis sechs Lagen Toilettenpapier um den Ballon, befeuchten Sie diese und drücken Sie noch einmal das ganze Papier fest an.
- Trocknen Sie Ihr »Werk« zwei bis drei Tage lang auf der Heizung oder drei Stunden bei 50 °C im Backofen.
- Ist alles trocken, entfernen Sie die vordere Spitze und ziehen den Ballon heraus.
- Verwenden Sie einen länglichen Luftballon, um eine Röhre zu basteln.

Kennenlern-Programm

Sanfte Eingewöhnung

Nun haben Sie Ihren neuen Freund ausgewählt und das Abenteuer Hamsterhaltung beginnt. Für Sie und den kleinen Goldhamster wird das eine aufregende Zeit voller neuer Eindrücke und Erfahrungen. Der Umzug in sein neues Zuhause ist für den Nager aufregend und stressig, deswegen sollte dieser möglichst angenehm verlaufen.

Neugierig wird das kleine Kerlchen sein neues Heim erkunden und markieren.

Die erste große Reise

Kaufen Sie den Goldhamster am Abend, wenn er wach ist. Die Transportbox (→ Seite 32, 42) richten Sie am besten schon vorab mit Einstreu, Futter und einem Haus ein. Lassen Sie sich vom Zoofachhändler auch etwas von der benutzten Einstreu des Hamsters, sein Schlafnest und sein gewohntes Futter mitgeben.

Eine neue Welt

Zuhause sollte der eingerichtete Käfig bereit stehen, geben Sie nun etwas von dem Futter hinein. Nach dem Einsetzen in sein neues Reich sollten Sie den Goldie völlig in Ruhe lassen. Setzen Sie sich leise neben den Käfig und vermeiden sie schnelle Bewegungen. Meistens wird der kleine Kerl aufgeregt sein neues Reich erkunden. Es ist aber auch gut möglich, dass er so gestresst ist, dass er sich zuerst eine ruhige Schlafstelle sucht und sich ausruht. Gönnen Sie ihm einige Mußetage, bevor Sie sich intensiv mit ihm beschäftigen. Beobachten Sie ihn oft, um ihn kennen zu lernen.

Erste zarte Bande

Das tägliche Fütterungsritual sollten Sie allerdings schon am nächsten Tag beginnen.

➤ Warten Sie damit, bis der Goldhamster aufgestanden ist und sich fertig geputzt hat.

➤ Unterhalten Sie sich ruhig mit dem Tier, damit es Ihre Stimme kennen lernt.

➤ Leiten Sie das Füttern durch ein bestimmtes Geräusch ein, z. B. indem Sie vorher die Futterdose schütteln. Dadurch wird Ihr Goldhamster lernen, dass dieses Geräusch mit Ihnen und mit seinem Futter verbunden ist.

Nach zwei bis drei Tagen sollten Sie zum ersten Mal die Hamstertoilette oder »seine« Ecke reinigen (→ Seite 41). Wenn Sie das Gefühl haben, dass Ihr neuer Hausgenosse sich bei Ihnen eingelebt hat, können Sie sich ihm weiter nähern. Locken Sie ihn mit einem Leckerli, wie z. B. einer halben Haselnuss, einem Sonnenblumenkern oder einem Mehlwurm (→ Seite 38). Seien Sie aber nicht enttäuscht, wenn Ihr Goldhamster nicht sofort kommt.

1 Liebesgabe

Liebe geht auch bei Goldhamstern durch den kleinen Magen. Mit einer leckeren Erdnuss können Sie das Interesse des neuen Hausgenossen wecken und ihn davon überzeugen, dass Sie sein Freund sein wollen.

2 Erwartungsvoll

In Erwartung der Leckerei wird Ihr kleiner Freund schon nach einigen Tagen an das Gitter kommen, wenn er Ihre Stimme hört. Dann holt er seine Belohnung ab und klettert vielleicht auch auf Ihre Hand.

3 Vertrauen

Hat Ihr Goldhamster gelernt, dass von Ihnen keine Gefahr droht, wird er sich nach einigen Wochen vertrauensvoll hochnehmen lassen. Doch nicht alle Tiere werden so zahm – einige bleiben lieber für sich.

Geduld lohnt sich

Es kann Tage oder sogar Wochen dauern, bis der kleine Kerl sich endlich traut, das Leckerli von Ihrer Hand zu nehmen. Nach einiger Zeit wird er Ihnen aber schon gern aus der Hand fressen, seine Leckerbissen abholen und auch fröhlich Ihre Hand erkunden. Dabei kann es passieren, dass er Sie auf der Suche nach einem Mehlwurm einmal vorwitzig zwickt.

CHECKLISTE

Hier fühl ich mich wohl

Wenn Sie einige dieser Fragen mit »ja« beantworten können, fühlt sich Ihr Nager schon richtig wohl, ansonsten braucht er noch etwas Geduld und Ruhe.

Interessiert

✔ Läuft er munter durch den Käfig, erkundet jedes Teil der Käfigeinrichtung und wirkt er recht entspannt dabei?

Tunnel-Gräber

✔ Fängt er an, den Untergrund seines Geheges zu durchwühlen und gräbt er vielleicht schon richtige Tunnel?

Futtersuche

✔ Sucht er eifrig im Käfig nach Futter und fängt er bereits an, Futter in seinem Häuschen zu sammeln?

Ganz entspannt

✔ Sitzt der pfiffige Kerl schon mitten im Gehege und verspeist eine Nuss, ohne sich durch Ihre Beobachtung gestört zu fühlen?

Hausbau

✔ Sammelt er fleißig Nistmaterial und baut sich damit ein kuscheliges Nest?

Neugierig

✔ Kommt er an das Gitter, wenn Sie sich nähern? Bleibt der Goldie sogar schon sitzen und läuft nicht gleich weg?

Dickkopf mit Persönlichkeit

Goldhamster haben sehr genaue Vorstellungen davon, wie ihr Zuhause sein sollte, wann sie spielen wollen und wann nicht. Wenn Sie das respektieren, wird er ein umgänglicher Freund sein.

➤ Ist Ihr Goldhamster gerade aufgestanden, braucht er erst einmal seine Ruhe.

➤ Sind seine Ohren noch angelegt und die Augen noch nicht ganz offen, wirkt er sehr verschlafen und langsam. Warten Sie dann ab, bis er sich fertig geputzt hat.

➤ Bevor ein Hamster zum Spielen aufgelegt ist, möchte er meist noch ein Sandbad nehmen, etwas fressen und sein Gehege inspizieren.

➤ Die meisten Tiere reagieren unwirsch, wenn sie geweckt werden oder ihnen ein Spiel »aufgezwungen« wird. Sie können sogar beißen, wenn sie oft bei der »Morgentoilette« gestört werden.

➤ Kommt Ihr Goldhamster aber neugierig an das Käfiggitter heran, wenn Sie sich ihm nähern, ist das ein sicheres Zeichen dafür, dass er nun mit Ihnen spielen oder Auslauf haben möchte. Bieten Sie ihm Ihre Hand an und warten Sie geduldig ab, ob er Ihre Spielaufforderung annimmt.

➤ Goldhamster haben wie Katzen einen eigenen Willen und diesen sollten Sie als Halter respektieren. Erzwingen können Sie von ihm nichts!

Röhren sind das Größte für die eifrigen Tunnelgräber – darin können sie sich prima verstecken. Der Durchmesser muss sechs Zentimeter betragen, damit der Goldie nicht darin stecken bleibt.

Achten Sie beim Tragen immer darauf, dass der Hamster nicht fallen kann.

Richtig hochheben

Bleibt Ihr Goldhamster ruhig auf Ihrer Hand sitzen, können Sie ihn vorsichtig hochnehmen. Legen Sie aber immer eine Hand über ihn: Hamster sind recht flinke Gesellen und können schneller von Ihrer Hand springen, als Sie vielleicht vermuten und die Gefahr, dass Ihr Hausgenosse sich dabei verletzt, ist sehr groß. Wenn Sie noch unsicher sind und sich dies nicht trauen, sollten Sie ihn am besten mit einer alten Dose, Tasse oder Pappschachtel hochheben. Locken Sie ihn dafür mit einem Leckerchen in das Gefäß und decken Sie es dann mit einer Hand ab.

Hamster und andere Heimtiere

Goldhamster können und sollten niemals mit anderen Tieren in einem Gehege zusammen untergebracht werden! Obwohl es Ausnahmen gibt und die seltsamsten Freundschaften entstehen, ist das Risiko dabei zu hoch.

Andere Nager: Einige Goldhamster mögen es nicht einmal, wenn andere Nager in ihrer Nähe wohnen. Der Geruch, z. B. von Ratten, Degus, Mäusen oder anderen Hamstern, kann sie sehr nervös machen – vor allem, wenn diese beim Auslauf den Goldhamsterkäfig markieren. Lassen Sie diese Tiere niemals zusammen mit dem Goldhamster in den Auslauf, im Normalfall würden sie sich jagen und schwer verletzen.

Hunde: Auch die Begegnung zwischen Hamster und Hund sollte nur unter strenger Aufsicht erfolgen, denn selbst der liebste Schmusehund kann beim Anblick des kleinen, flinken Hamsters schnell das Raubtier in sich entdecken.

Katzen: Das Hamster und Stubentiger stets auf Abstand gehalten werden müssen, versteht sich von selbst. Hamster passen perfekt in das Beuteschema der Samtpfoten.

Vögel: Einige können den Goldhamster gefährlich angreifen. Der Kontakt zwischen beiden muss immer genau überwacht werden.

Reptilien: Dass ein Hamster sich nicht wohl fühlt, wenn er neben einer Schlange wohnen muss, ist verständlich, sieht sie in dem Nager doch nur eine leckere Mahlzeit.

TIPP

Gute Umgangsformen

- Sprechen Sie den Goldhamster an, bevor Sie sich dem Käfig nähern, sonst kann er sich erschrecken.
- Syrische Hamster erkennen Ihren Besitzer am Geruch. Benutzen Sie immer dieselbe Seife und verzichten sie auf Parfüm, wenn Sie mit ihm spielen wollen.
- Nehmen Sie Ihren Goldhamster nicht gegen seinen Willen hoch, das gefährdet das aufgebaute Vertrauen.
- Lassen Sie ihn entscheiden, ob er seinen Käfig zum Auslauf verlassen will oder nicht (→ Seite 50).

Verhaltensdolmetscher

Goldhamster

Kennen Sie die Sprache der Goldhamster? Hier erfahren Sie, was Ihr Tier mit seinem Verhalten ausdrücken möchte ? und wie Sie richtig darauf reagieren →.

> Der Goldhamster liegt in seinem Nest und schläft tief und fest.

? Die Nager verschlafen den ganzen Tag und werden meistens erst abends munter.

→ Lassen Sie ihn schlummern. Häufiges Wecken ist Stress für die nachtaktiven Tiere.

> Der Goldhamster gräbt eifrig in Erde oder seiner Einstreu.

? Buddeln ist das »Lieblingshobby« aller Hamster. Frei lebend bauen sie tiefe Gänge.

→ Bieten Sie ihm oft die Gelegenheit dazu, indem Sie ihm eine Schale mit Erde reichen.

Der Goldhamster steht auf den Hinterbeinchen, hat die Ohren aufgestellt und reckt die Nase.

? Er sichert, das heißt, er ist aufmerksam, weil er etwas gehört oder gerochen hat.
→ Sprechen Sie ihn leise und sanft an, damit er Sie erkennt.

Die Ohren des Goldhamsters sind nach hinten geklappt.

? Die kleine Schlafmütze ist noch nicht richtig wach.
→ Lassen Sie das verschlafene Kerlchen so lange in Ruhe, bis es richtig wach und munter ist.

Der Goldhamster wälzt sich in einer Schale mit Sand.

? Das ist Fellpflege auf Goldhamsterart und Stressabbau.
→ Stellen Sie ihm eine Schale mit Chinchillasand zur ständigen Verfügung in sein Heim.

Beim Freilauf beschnuppert der Nager die Pflanzen.

? Goldhamster sind ständig auf der Suche nach möglichen Futterquellen.
→ Giftige Pflanzen außer Reichweite bringen, damit er nicht daran knabbert.

Kleiner Kerl mit großen Talenten

Goldhamster haben gut und weniger gut ausgeprägte Sinne. Diese sind ganz auf ihre Nachtaktivität und ihren Lebensraum ausgerichtet.

Riechen

Die Nager besitzen einen sehr gut ausgeprägten Geruchssinn. Sie orientieren sich hauptsächlich mit ihrer Nase und erschnüffeln sich ihr Futter und auch ihr Revier. Mit einem Sekret aus ihren Flankendrüsen markieren sowohl die Männchen als auch die Weibchen ihr Reich und die Pfade, die sie täglich gehen. Nach der Käfigreinigung fehlen Ihrem Goldhamster diese Pfade und Markierungen, was ihn sehr verwirrt und ihn aufgeregt umherlaufen lässt. Deshalb stresst jede Käfigreinigung den kleinen Nager sehr. Auch untereinander verständigen sich Hamster über den Geruch, ihre Markierungen halten Artgenossen auf Distanz. Nur während der Paarungszeit locken die Weibchen männliche Hamster mit einer Duftspur an.

Sehen

Goldhamster haben seitlich am Kopf sitzende Augen, was ihnen eine gute Rundumsicht und das frühzeitige Erkennen von Feinden ermöglicht. Sie sehen aber nicht sehr scharf und können Entfernungen und Höhen nur schlecht abschätzen. Ihre Augen sind an die Dunkelheit angepasst, so können sie keine Farben erkennen, sondern sehen eher Grautöne und Umrisse.

Hören

Sie besitzen ein ausgesprochen gutes Gehör. Goldhamster können vermutlich auch Töne im Ultraschallbereich wahrnehmen, da ihre Jungen solche Laute in Stresssituationen ausstoßen. Ihre Ohren sind stark beweglich und können in fast alle Richtungen gedreht werden. Dadurch

Das ist meins: Die kräftigen Vorderbeinchen können ordentlich zupacken!

TIPP

Gesellschaft mit Folgen

Kinder lassen ihre Heimtiere oft zusammen spielen. Bei Goldhamstern kann das allerdings unangenehme Folgen haben:

- Die Hamster kämpfen heftig miteinander und können sich schwer verletzen.
- Die Hamster verstehen sich »zu« gut miteinander und bald gibt es Nachwuchs (→ Seite 30).

1 Effektiv

Die Haut über den Backentaschen ist sehr dehnbar. In jeder kann der Nager eine Weintraube und einen Teelöffel Getreide transportieren.

2 Buddelmeister

Buddeln gehört zu den liebsten »Hobbys« des Goldhamsters. In freier Natur gräbt er weit verzweigte Höhlen, die fast einen Meter tief sind.

3 Fingerfertigkeit

Mit seinen zierlichen Pfoten kann der Goldhamster seine Nahrung geschickt festhalten und Leckerbissen in seine Backentaschen stecken.

können sie jedes noch so leise Rascheln wahrnehmen und jeden leckeren Käfer und kleinen Wurm aufspüren. Aber auch Feinde können sich so kaum unbemerkt nähern.

Tasten

Am Kopf und an den Flanken haben Goldhamster Tasthaare. Diese so genannten Vibrissen reagieren nicht nur auf die kleinste Berührung, sondern auch auf Vibrationen in der Umgebung, was es dem Goldhamster ermöglicht, sich selbst in völliger Dunkelheit zu orientieren. So kann er sofort erkennen, ob ein Durchgang groß genug für ihn ist und Bewegungen in seinem Umfeld wahrnehmen.

Typisch Goldhamster

Goldhamster sind Individualisten mit starker Persönlichkeit. Doch es gibt Talente, die sie alle miteinander teilen.

Buddeln: Wild lebende Goldies wohnen in selbst gegrabenen Höhlen (→ Seite 6). Ihre kleinen Pfoten sind dafür mit starken Krallen ausgerüstet. Auch die bei uns gehaltenen Goldhamster müssen die Gelegenheit zum Buddeln haben (→ Seite 52).

Hamstern: Um den Winter gut zu überstehen, brauchen die Goldhamster eine gut gefüllte Vorratskammer. In freier Wildbahn sammeln sie den Sommer über fleißig Getreide und Früchte. Damit sie nicht jedes Korn einzeln nach Hause tragen müssen, haben sie für diese Aufgabe Backentaschen an den Seiten ihres Mäulchens. Sie sind eine Erweiterung der Maulhöhle und haben eine Öffnung zum Maul hin, sind aber im hinteren Teil durch eine Haut vom Mäulchen getrennt.

Dauerläufer: Goldhamster haben sehr muskulöse Vorderbeinchen zum Buddeln. Ihre Hinterbeinchen sind weniger kräftig. Die kleinen Nagetiere sind sehr ausdauernde Läufer, aber recht ungeschickte Kletterer. Mit ihren Vorderbeinchen können sie sich zwar gut festhalten und hochziehen, aber sie finden mit ihren schwachen Hinterbeinchen kaum Halt.

Nachwuchs

Sicher ist es sehr schön, wenn man einmal die Geburt und Aufzucht junger Goldhamster miterleben kann. Und nicht selten sind die Hamsterdamen im Zooladen schon guter Hoffnung und bringen die Babys gleich mit (→ Tipp Seite 12). Möchten Sie jedoch selbst züchten, sollten Sie sich bewusst machen, dass die süßen Babys nur sehr kurze Zeit süße Babys bleiben und dann ein Leben lang große Goldhamster mit großen Ansprüchen sind: Es können zwischen vier und zehn Jungtiere geboren werden. Für die Hamstermutter ist die Trächtigkeit anstrengend und nicht ungefährlich – zum Glücklichsein braucht eine Hamsterdame keinen Nachwuchs.

Babytransport: Behutsam trägt die Hamstermutter ihren Nachwuchs im Maul.

Paarung

Mit etwa einem Monat erreichen Goldhamster die Geschlechtsreife. Das Weibchen sollte bei der ersten Schwangerschaft mindestens drei Monate alt und nicht älter als zwölf Monate sein.

➤ Setzen Sie immer nur das Weibchen zum Böckchen, niemals umgekehrt.

➤ Das Weibchen ist etwa alle vier bis sechs Tage paarungsbereit, außerhalb dieser Zeit wird sie den Bock attackieren und muss aus dem Gehege genommen werden.

➤ Ist sie hitzig, biegt sie ihren Rücken durch, hebt ihren Po und läßt das Männchen mehrfach aufreiten, dann wehrt sie ihn wieder ab.

➤ Auch danach muss man sie getrennt halten. Ein ständiges Zusammenleben eines Paares bedeutet vor allem für die Mutter starken Stress.

➤ Schon vor der Trächtigkeit sollte die Goldhamstermutter an ein »kindgerechtes« Gehege gewöhnt werden. Am besten eignen sich Aquarien oder Plastikgehege für die Aufzucht von Jungen, denn durch die Gitterstäbe eines normalen Käfigs könnten die Babys leicht entwischen.

Die Trächtigkeit

Ob eine Hamsterdame trächtig ist, können Sie kaum an ihrem Äußeren erkennen, da Hamster dabei nur wenig sichtbar zunehmen. Erst in den letzten Tagen der Trächtigkeit wird sie etwas runder. Das trächtige Weibchen verändert aber sein Verhalten. Es hamstert mehr, baut ein geräumiges Wurfnest und frisst auch mehr. Meistens wird die Trächtigkeit aber erst bemerkt, wenn die Hamsterkinder schon da sind und im Nest fiepen. Eine Trächtigkeit dauert etwa 16 bis 19 Tage.

Fütterung

Goldhamstermütter haben einen erhöhten Eiweiß und Mineralbedarf, geben Sie deshalb eine abwechslungsreiche Kost mit viel Grünfutter, etwas mehr Trockenfutter und mehr Eiweißfutter – immer so viel, wie in einer Nacht gefressen wird (→ Seite 38). Sobald die Jungen da sind, darf Trinkwasser nur noch in einer hoch hängenden Flaschen angeboten werden. In den Näpfen könnten die winzigen Babys ertrinken.

Bald ist Schluss mit der Geschwisterliebe – jeder geht dann eigene Wege.

Geburt und Aufzucht

Meist findet die Geburt nachts oder in den Morgenstunden statt. Die Hamstermutter bekommt die Jungen im Sitzen, jedes wird abgenabelt und von der Eihaut befreit. Diese wird, genau wie die Nachgeburt, gefressen. Während der Aufzucht kann das Weibchen extrem aggressiv auf seine Menschen reagieren, auch die friedlichsten verteidigen ihr Nest dann energisch. Stören Sie die junge Mutter nun nicht und reinigen Sie das komplette Gehege erst wieder, nachdem die Jungen das Nest selbstständig verlassen (→ Tipp rechts). Bis dahin müssen Sie sich darauf beschränken, die Toilettenecke sauber zu halten. Wichtig: Berühren Sie nicht das Nest oder fassen hinein! Hamstermütter, die gestört werden, reagieren oft sehr aggressiv und können ihre Besitzer beißen oder sogar ihre Jungen fressen, wenn sie Angst haben oder keine Ruhe finden (→ Seite 32). Mit spätestens vier Wochen müssen die Jungen nach Geschlechtern getrennt werden, damit es nicht wieder Nachwuchs gibt. Sie sind dann bald bereit, in ein eigenes Hamsterheim umzuziehen.

CHECKLISTE

Entwicklungs-Phasen

Gerade geboren
- ✔ Bei der Geburt sind die Jungen nackt, blind und taub und wiegen ca. zwei Gramm.

Nach fünf Tagen
- ✔ Die ersten Haare sind zu erkennen, die Kleinen nehmen schon erste Kleinsämereien zu sich (→ Seite 36).

Nach zehn Tagen
- ✔ Sie putzen sich, füllen und entleeren die Backentaschen, die Augen öffnen sich.

Nach zwei Wochen
- ✔ Sie unternehmen Ausflüge in die Umgebung und spielen mit ihren Geschwistern.

Nach drei Wochen
- ✔ Die Babys sind fast völlig selbstständig und werden auch nicht mehr gesäugt.

Fragen rund um Eingewöhnung und Verhalten

? Ist es wahr, das Goldhamsterweibchen ihre Jungen fressen?

Es kann passieren, dass die Goldhamstermütter ihre Jungen fressen. Das ist ein natürliches Verhalten, die Mutter schützt damit sich und die restlichen Babys. Junge Mütter sind mitunter einfach überfordert, sie können oft nicht so viele Jungen großziehen, wie sie geboren haben und so reduzieren sie die Anzahl. Auch wenn die Mutter unter Mangelerscheinungen durch falsche Ernährung leidet (→ Seite 31), sie häufig gestört wird und unter Stress steht, sich durch andere Tiere gestört fühlt oder die Jungen sehr krank sind, kann es zu Kannibalismus kommen.

? Mein Goldie nagt stundenlang am Käfiggitter. Warum tut er das?

Die häufigste Ursache für das Gitternagen ist schlicht Langeweile in einem zu kleinem Käfig, mit zu wenig Spiel- und Beschäftigungsmöglichkeiten. Häufig wird das Knabbern am Gitter eine Suchthandlung (Stereotype), die auch in einem großem Käfig beibehalten wird. Dann wäre es sinnvoll, den Goldhamster statt in einem Käfig in einem Aquarium unterzubringen. Gelegentliches Nagen am Gitter ist wohl auch nur ein Zeichen dafür, dass der Goldhamster einen Ausweg aus seinem Käfig sucht. Egal, wie groß sein Käfig auch sein mag, die Umgebung reizt ihn – natürlich möchte er sein Revier gern vergrößern.

? Benötige ich wirklich eine Transportbox für meinen Schecken-Hamster?

Sie sollten immer einen geeigneten Hamstertransporter zur Hand haben. Diese Kleintier-Transportboxen gibt es in vielen Varianten und Größen, ideal ist eine Größe von 20 x 30 cm. Schon beim Kauf Ihres Hamsters können Sie ihn damit sicher nach Hause bringen. Aus den Pappschachteln, welche man im Zoofachgeschäft für den Hamstertransport bekommt, hat sich schon

Prima Idee: Das Futter in einer Pappröhre zu verstecken, sorgt für Beschäftigung.

so mancher Hamster herausgenagt. Während Sie das Gehege reinigen, wird er sich dort wohlfühlen, vor allem, wenn er sein Lieblingshaus und sein Nest »mitnehmen« darf. Wird einmal ein Tierarztbesuch nötig, ist der Transporter auch dafür ideal.

? Seit mein Goldhamster einen großen Käfig hat, kommt er abends nicht sofort zu mir. Soll ich ihn wieder in den kleinen setzen?
Nein, auf keinen Fall! Ihr Goldhamster langweilt sich nun nicht mehr, ist vollauf beschäftigt und nicht mehr ständig auf Ihre Zuneigung und Gesellschaft angewiesen. Er kann nun ein ganz normales Hamsterleben führen und endlich die Dinge tun, die ein Goldhamster tun muss. Er wird nun abends erst einmal auf Futtersuche gehen, seine Wohnung »aufräumen«, seine Reviergrenzen erkunden und markieren und hat dann erst die Zeit, etwas zu spielen und sich seinem Besitzer zu widmen. Nutzen Sie diese Möglichkeit, um Ihren kleinen Freund bei seinen Unternehmungen zu beobachten und dadurch viel über sein natürliches Verhalten zu lernen.

? Kann ich mit meinem Goldie verreisen?
Besser nicht. Goldhamster sind Gewohnheitstiere, ein Umzug im Urlaub bekommt ihnen nicht besonders gut. Idealerweise fragt man zuverlässige Freunde oder Nachbarn, ob sie sich wärend des Urlaubs um ihn kümmern und ihn jeden Abend in seiner gewohnten Umgebung versorgen. Informieren Sie den Pfleger über Fütterung, Pflege und Gewohnheiten Ihres Goldhamsters (→ Steckbrief Seite 62) und hinterlassen Sie Ihre Urlaubsadresse. Es wäre nicht sehr tiergerecht, den Hamster mit in den Urlaub zu nehmen – lange Fahrten mit dem Auto oder der Bahn wären für das Tier sehr stressig. Falls es niemanden gibt, der das Tier bei Ihnen Zuhause versorgen kann, sollten Sie es in Ihrem Wohnort unterbringen. Oft bieten Zoofachhandlungen und Tierheime einen Urlaubsservice an. Erkundigen Sie sich vorab dort, ob noch Plätze frei sind, was es kostet und melden Sie Ihr Tier rechtzeitig an. Der Goldhamster sollte seinen Urlaub in seinem eigenen, gewohnten Gehege verbringen dürfen.

MEINE TIPPS FÜR SIE

Christine Breitkopf

Ruppige Gesellen friedlich stimmen

- Halten Sie niemals Ihre Hand direkt vor sein Haus, wenn Sie mit ihm spielen wollen. Goldhamster verteidigen ihr Nest energisch und empfinden Ihre Hand dort als Eindringling.
- Halten Sie die Hand nicht völlig bewegungslos im Käfig, der Nager nimmt sie sonst vielleicht zu spät wahr und beißt vor Schreck zu, wenn er sie bemerkt.
- Wälzen Sie Ihre Hand in seiner Einstreu oder Toilettenecke, damit sie einen für den Goldhamster vertrauten Geruch annimmt.
- Reden Sie immer leise mit Ihrem Tier, wenn Sie sich ihm nähern. Vermeiden Sie laute Geräusche und hastige Bewegungen.
- Schleudern Sie den Goldhamster nicht im ersten Schreck weg, wenn er doch einmal zugebissen hat. Versuchen Sie ruhig zu bleiben und setzten Sie ihn vorsichtig ab, er wird dann im Normalfall schnell loslassen.

Fit-und-gesund-Programm

Lecker und gesund

Eine ausgewogene Ernährung ist für Ihren Goldhamster besonders wichtig. Die richtige Zusammenstellung der Mahlzeiten garantiert, dass das unternehmungslustige Kerlchen täglich alle Nährstoffe bekommt, die es für ein langes Hamsterleben braucht.

Frisches Laub muss gut gereinigt werden, bevor der Hamster es bekommt.

Wichtig ist eine ballaststoffreiche Kost mit Heu, Getreide und Gemüse. Auf Süßigkeiten und zuckerhaltige Leckerchen sollte verzichtet werden.

Ganz natürlich

Goldhamster haben ein sehr breites Futterspektrum. Frei lebend fressen die Tiere im Sommer fast alles, was ihnen vor die kleine Schnauze kommt: Gräser, Getreide, Blätter, Kräuter, Beeren, Obst und Gemüse, seltener Nüsse oder Kerne. Insekten stehen auch auf dem Speiseplan, denn Hamster sind keine reinen Vegetarier. Im Winter ernähren sie sich während der »Winterruhephase« in erster Linie von ihren Vorräten. Diese bestehen aus Getreide, Kleinsämereien, wie Gras- und Kräutersamen und Hirse, aber auch aus trockenen Früchten und Kräutern.

Kleine Feinschmecker

Da Goldhamster in einem Gebiet leben, in dem es nicht gerade leicht ist, an nahrhaftes Futter zu kommen, bevorzugen sie natürlich Nahrung mit viel Fett und Protein. Das ist in freier Wildbahn lebensnotwendig, denn dort benötigen sie viel Energie zum Überleben. Obwohl sie als Heimtier längst nicht so viel Energie für ihren Stoffwechsel brauchen, stürzen sie sich trotzdem auf fetthaltige Nüsse und andere energiereiche Nahrungsmittel. Damit aus dem agilen Nager kein kleines Dickerchen wird, dürfen diese Dinge nur in kleinen Mengen verfüttert werden.

TIPP

Futter selbst suchen

Goldhamster sollten ihr Futter selbst suchen, um sich zu beschäftigen. Aber nicht alle wissen, wie das geht.

- Geben Sie in den ersten Tagen das Futter in den Napf. Verstreuen Sie es danach rund um den Napf.
- Nach einigen Tagen können Sie auch etwas Futter in der Streu verteilen. Wenn der Goldhamster das verstanden hat, können Sie das Futter auch verstecken.
- Bald wird er ganz selbstverständlich im Käfig nach Futter suchen und ist so die ganze Nacht beschäftigt.

Ausgewogen

Trockenfutter ist der wichtigste Bestandteil des Goldhamsterspeiseplans. Ein ausgewachsener Mittelhamster (→ Seite 19) benötigt etwa zwei Teelöffel Trockenfutter pro Tag. Geben Sie etwas mehr Trockenfutter, wenn diese Menge ganz verputzt wird, bunkert er viel davon, muss es etwas reduziert werden. Fertige Futtermischungen für Goldhamster bekommen Sie im Zoofachhandel. Achten Sie darauf, dass nicht zu viele Kerne, Nüsse und bunte Bestandteile im Futter sind, sondern mehr Getreide, Kleinsämereien, Kräuter und Trockengemüse. Das Futter muss frisch riechen und keimfähig sein. Ob das Futter eine gute Qualität hat, können Sie einfach testen, indem Sie die Körner in einem Topf aussähen. Gehen sie auf, ist es in Ordnung. Die Keime können Sie dem Hamster geben.

Waschen und schälen Sie Obst und Gemüse für Ihren Goldhamster genauso, wie Sie es für sich selbst machen.

Eigene Zubereitung

Sie können das Trockenfutter für Ihren Hausgenossen auch selbst mischen (→ Seite 46). Folgende Bestandteile kann es beispielsweise enthalten: Haferflocken, -körner oder -rispen, Weizen, Gerste, Roggen, Buchweizen, Kolbenhirse, verschiedene Gras- und Kräutersamen und Wellensittichfutter. Hinzu kommen getrocknete Kräuter, Blätter und Blüten, Maiskörner, Erbsenflocken, Johannisbrot und Trockengemüse (Rote Beete, Möhren, Kohlrabi). In geringen Mengen gehören auch noch Sonnenblumen-, Pinien- oder Kürbiskerne, Erd-, Hasel- oder Walnüsse, Rosinen, ungezuckerte Cornflakes und zuckerfreies Früchtemüsli mit dazu.

Frisch auf den Tisch

Ihr Goldhamster benötigt täglich Frischfutter, geben Sie dieses abends und entfernen Sie die Reste morgens wieder. **Geeignetes Gemüse:** Fenchel, Möhren, Gurken, Paprika, frischer Mais, Tomaten (ohne Grün!), Kürbis, Broccoli, rote Beete und Zucchini. Achten Sie darauf, dass Feldsalat, Eisbergsalat, Chicoree, Endiviensalat und Kopfsalat biologisch angebaut sind. Verzichten Sie auf Kohl und Zwiebelgewächse, diese Gemüse können Ihrem Goldhamster schmerzhafte Blähungen verursachen.

Getreide ist ein wichtiger Bestandteil einer ausgewogenen Futtermischung.

Obst sparsam verfüttern: Hamster mögen Äpfel, Bananen, kernlose Weintrauben, Birnen, Kiwis, Melonen, Erdbeeren, Johannisbeeren, Heidelbeeren, Stachelbeeren, Himbeeren und Brombeeren. Von dem Verfüttern von Steinobst möchte ich abraten, da es in Verbindung mit Wasser zu Durchfall führen kann. **Grünfutter:** Kräuter, Blätter und Blüten können frisch und getrocknet verfüttert werden. Dazu eignen sich prima Brombeer-, Haselnuss-, Pfefferminz- oder Johannisbeerblätter, Dill, Petersilie, Melisse, Gänseblümchen, Kamille, Kornblumen-, Ringelblumen- und Sonnenblumenblüten, Löwenzahnwurzel mit Kraut, Schafgarbe und Spitzwegerichkraut. Gras und auch die grünen Halme von verschiedenen Getreidesorten dürfen ebenfalls verfüttert werden. Das Getreide und die Kräuter sollten Sie möglichst selbst ziehen oder nur auf freien Wiesen und nicht an Straßenrändern oder auf Feldern sammeln.

Powernahrung

Tierische Nahrung ist ein wichtiger Bestandteil des Hamsterspeiseplans. Achten Sie darauf, dass die verderbliche Nahrung sofort verzehrt wird. Füttern Sie diese in kleinen Mengen drei- bis viermal in der Woche direkt aus der Hand. Sie können Mehlwürmer oder andere Insekten, wie Heimchen oder Grillen, anbieten. Ist das nicht Ihr Fall, geben Sie alternativ Magerquark, Magermilchjogurt, Fischfutter oder Garnelen.

TIPP

Belohnungshappen

- Kleine Belohnungshappen sind ein gutes Mittel, damit sich Ihr neuer Hausgenosse an Sie gewöhnt und um sich mit ihm zu beschäftigen (→ Seite 54).
- Als gesunde Leckerchen können Sie Ihrem Goldhamster täglich entweder eine Nuss, eine Rosine, einen Mehlwurm oder ein kleines Hundeleckerli anbieten.
- Jogurtdrops, Nagergebäck, Knabberstangen und ähnliche Snacks enthalten zu viel Zucker und Honig, können die Backentaschen verkleben und zu Verdauungsproblemen und Übergewicht führen.

»Mir schmeckt's klasse!« Die putzigen Goldhamster beim Futtern zu beobachten, ist immer wieder ein herrlicher Anblick.

Leckere Zahnpflege

Zur Abnutzung der ständig nachwachsenden Nagerzähne und zur Eiweißversorgung können auch trockene und harte Hundeleckerchen angeboten werden. Das Knabbern daran sorgt noch für zusätzliche Beschäftigung. Ebenfalls sollten Zweige von Haselnuss, Apfelbäumen und Birken gefüttert werden. Nadelhölzer eigenen sich wegen der klebenden Harze und ätherischen Öle nicht. Zweige von Steinobst enthalten Spuren von Blausäure und können bei Ihrem Goldhamster Beschwerden verursachen.

Extras

Vitamine, Salze und Mineralien bekommt ein abwechslungsreich ernährter Goldhamster über seine Nahrung in ausreichender Menge. Zusätzliche Vitamingaben, Salzleck- und Mineralsteine sind nicht zu empfehlen, dadurch kann es zu Überversorgung und gesundheitlichen Problemen kommen.

Wasser

Bieten Sie dem Nager täglich frisches Wasser an. Es muss immer zur Verfügung stehen, damit er seinen Flüssigkeitshaushalt selbst regeln kann.

CHECKLISTE

Die richtige Menge

- ✔ Als Grundfutter benötigt Ihr Hamster täglich zwei Teelöffel Trockenfuttermischung. Gemüse können Sie im Umluftofen selbst trocknen.
- ✔ Frischfutter sollte täglich in kleinen Mengen gegeben werden, z. B. eine halbe Gurkenscheibe, eine Beere und dazu ein Daumennagel großes Stück Fenchel.
- ✔ Pro Tag bekommt Ihr Goldhamster höchstens ein Leckerchen, z. B. eine Nuss oder einen Kern.
- ✔ Drei- bis viermal wöchentlich gibt es zusätzlich Eiweißfutter wie Quark, Mehlwürmer oder Hundekuchen.

Pflege-Einmaleins

Goldhamster sind reinliche Tiere, die großen Wert auf ein gepflegtes Fell und eine saubere Umgebung legen. Sie sind, was die Pflege ihres Fells und ihrer Wohnung angeht, sehr selbstständig. Wenn Ihr

Blitzschnell streifen die Pfötchen bei der Fellpflege durch den dichten Pelz.

Nager seine Fellpflege vernachlässigt, ist das immer ein Grund zur Besorgnis, denn ein verschmutzter Hamster ist meistens nicht gesund.

Die Körperpflege

Die meisten Goldhamster betreiben täglich nach dem Aufstehen intensive Fellpflege. Sie halten dadurch ihr Fell selbst in Ordnung und möchten nicht von ihren Besitzern gekämmt werden (→ Tipp unten). Die Nager dürfen auf keinen Fall gebadet werden. Ihre Haare sind nicht wasserabweisend und würden sich mit Wasser vollsaugen und diese Feuchtigkeit kann rasch zu Erkältungen führen. Ist der Geselle dreckig, können sie die verschmutzten Stellen mit einem warmen, feuchten Waschlappen reinigen. Sie sollten aber dringend die Ursache dafür abklären.

Die Reinigung des Goldhamsterheims

Prof. Dr. Rolf Gattermann von der Universität Halle beschäftigt sich seit Jahren mit der Verhaltensbiologie von Hamstern. Er hat herausgefunden, dass Goldhamster das komplette Saubermachen ihres Heimes als extrem stressend empfinden, denn durch die Reinigung gehen alle »mühsam« gelegten Duftspuren verloren. Wird die Einrichtung im Hamsterheim verändert, kann sein Bewohner sich nur schwer orientieren. Das ist für ihn genauso schlimm, als wenn jemand in Ihrer Abwesenheit Ihre Wohnung komplett umräumt.

TIPP

Teddyhamster-Fell

Das lange Fell von Teddyhamstern kann so verfilzen, dass der Hamster es selbst nicht mehr ordnen kann.

- Dann muss der Mensch mit einer weichen Bürste das Fell entwirren und den Hamster regelmäßig bürsten.
- Stressfreier für Mensch und Tier ist es, wenn die verfilzten Haarknoten herausgeschnitten werden.
- Da Teddys sehr unter Hitze leiden, sollte man deren Fell zumindest im Sommer im praktischen Kurzhaar-Look frisieren und auf 7 bis 10 mm Länge schneiden.

➤ Ein großes Hamsterheim sollten Sie deswegen nur etwa alle vier Wochen komplett reinigen (→ Checkliste rechts). Bei mehreren Gehegen empfehle ich, immer nur eines komplett zu säubern.

➤ Die Reinigung beginnt damit, dass man den Hamster samt seinem Nest und den Vorräten herausnimmt und in seiner Transportbox unterbringt (→ Seite 32, 42).

➤ Dann wird die gesamte Einstreu herausgenommen und – sofern nötig – werden Bodenschale, Gitter und Einrichtungsgegenstände mit heißem Wasser oder Seifenwasser abgewaschen. Wenn der Käfig und die Inneneinrichtung stark riechen, können Sie dafür auch Essigwasser verwenden. Verzichten sie aber auf chemische Reinigungsmittel, denn diese können die empfindlichen Atemwege der Tiere stark reizen.

➤ Abschließend wird der Käfig neu eingestreut und wieder so eingerichtet, wie er vorher war. Nur ein kleiner Teil darf umgestellt oder neu hinzugefügt werden. Geben Sie den unverschmutzten Teil des Nestes und der Vorräte wieder dorthin zurück, wo Sie sie weggenommen haben.

Zwei Einzelgänger auf einem Foto: Teddy- und Kurzhaar im Vergleich.

➤ Nun wird der Goldhamster aufgeregt seine Wohnung inspizieren und eifrig neue Duftspuren setzen. Es wird eine Weile dauern, bis er sich von diesem Stress erholt hat. Zu häufiges Reinigen sorgt für vermehrten Geruch, da der Hamster ständig neue Duftmarken legen muss.

➤ Sollte der Käfig einmal streng riechen, dürfen Sie auf keinen Fall Deo oder parfümierte Einstreu, z. B. Zitruseinstreu, benutzen. Diese intensiven Düfte irritieren den Goldhamster und können seinen Atemwegen schaden.

CHECKLISTE

Hausputz

Täglich

✔ Die Wasserflasche oder den Wassernapf reinigen, die Frischfutterreste entfernen.

Alle zwei Tage

✔ Die Toilettenecke säubern, den Kot entfernen und die Futterschalen reinigen.

Wöchentlich

✔ Groben Schmutz entfernen und stark verschmutze Bereiche neu einstreuen. Benutzt der Hamster keine Toilette, muss dies gegebenenfalls häufiger erledigt werden.

Alle zwei bis vier Wochen

✔ Kompletten Käfig und verschmutzte Einrichtungsgegenstände reinigen, Käfig neu einstreuen: Häufigkeit ist abhängig von Käfiggröße.

So bleibt Ihr Goldhamster gesund

Ein vorbildlich gehaltener Goldhamster wird sehr selten krank. Die meisten Krankheiten sind eine Folge von Stress, falscher Unterbringung und Ernährung, mangelnder Hygiene und Bewegungsmangel.

In der Box ist der Hamster beim Transport zum Tierarzt sicher untergebracht.

Hamster-TÜV

Beobachten Sie Ihren Gesellen täglich ganz genau und stellen Sie sich diese Fragen:

- Sucht Ihr Goldhamster emsig nach Futter?
- Frisst er genauso viel wie sonst (Reste kontrollieren)?
- Füllt und entleert er seine Backentaschen komplett?
- Ist der Nager an seiner Umgebung interessiert?
- Putzt er sich gründlich?
- Ist sein Fell auch dicht, glänzend und sauber?
- Sind die Kötel fest und riecht der Urin normal?
- Ist der After sauber?
- Sind die Augen sauber, klar und nicht verklebt?
- Bewegt er sich normal?
- Wiegen Sie ihn wöchentlich, starke Gewichtsschwankungen weisen auf Krankheiten hin (→ Foto rechts).

Fällt Ihnen etwas Ungewöhnliches auf oder ist Ihr Goldhamster sichtbar erkrankt, müssen Sie unverzüglich einen Tierarzt mit ihm aufsuchen. Durch seinen schnellen Stoffwechsel können auch scheinbar harmlose Krankheiten für Ihren Hausgenossen lebensbedrohlich werden (→ Tabelle Seite 45)!

Der Tierarztbesuch

Transportieren Sie den Goldhamster nur in einer dafür geeigneten Transportbox (→ Foto links). Idealerweise findet der Tierarztbesuch in den frühen Morgenstunden oder in den späten Abendstunden statt, wenn das Tier wach ist.

TIPP

Parasiten

Parasitenbefall kann schwere Erkrankungen zur Folge haben. Fallen Ihnen die aufgezählten Parasiten auf, sollten Sie unverzüglich einen Tierarzt aufsuchen, Hamster und Umgebung müssen behandelt werden.

- Haarlinge: Weißliche Würmchen im Haar, ca. 1 mm groß, sie sorgen für Juckreiz und Haarausfall.
- Milben: Sie sind mit bloßem Auge nicht zu erkennen und verursachen Juckreiz, Krusten und Haarausfall.
- Läuse: Meist als kleine braune Punkte im Haar erkennbar, lösen Juckreiz aus und übertragen Krankheiten.

1 Wichtige Gebisskontrolle

Kontrollieren Sie wöchentlich das Gebiss Ihres Hamsters, um Zahnfehlstellungen frühzeitig zu erkennen und gegebenenfalls vom Tierarzt beheben zu lassen. Halten Sie dazu einen Leckerbissen über seinen Kopf. Der Geselle wird sich mit offenem Mäulchen danach recken und Ihnen so einen Blick auf seine Zähne ermöglichen.

2 Regelmäßig Wiegen

Beim wöchentlichen Reinigen des Käfigs sollten Sie Ihren kleinen Hausgenossen wiegen. Schreiben Sie die Ergebnisse auf, um sein Normalgewicht zu dokumentieren. Wöchentliche Schwankungen von 10 bis 20 g sind normal. Nimmt Ihr Goldhamster jedoch mehr ab oder zu, sollte er unbedingt vom Tierarzt untersucht werden.

Dokumentieren: Notieren Sie Beobachtungen, vorhergegangene Behandlungen und Fragen, die Sie stellen möchten. Lassen Sie sich die Diagnose erklären und erkundigen Sie sich nach der genauen Dosierung und Anwendungszeit von Medikamenten, dem Therapieplan und wie der Krankheitsverlauf aussehen könnte.

Krankenpflege

Medikamente verabreichen Sie am besten vermischt mit maximal einem halben Teelöffel Obst- oder Gemüsebrei.

Wärme: Wurde Ihnen zu einer Rotlichtlampe geraten, hängen Sie diese nur zeitweise über einen Teil des Geheges, damit der Hamster selbstständig entscheiden kann, ob er die Lampe nutzen möchte.

Flüssigkeit: Trinkt er nicht selbstständig, müssen Sie ihm Kräutertee oder Wasser, vermischt mit drei bis fünf Körnern Salz einflößen.

Künstliche Ernährung: Frisst der Patient nicht mehr von allein, müssen Sie ihn päppeln damit er bei Kräften bleibt. Ideal ist es, wenn Sie das normale Trockenfutter in einer Mühle klein mahlen und mit Kamillentee oder Babybrei zu einer dünnflüssigen Masse aufrühren. Sie können ihm auch eine Kombinationen aus gemahlenem Trockenfutter mit Babybrei, Haferflocken, Bananen und etwas Reibeapfel anbieten.

Einflößen: Zum Päppeln und für die Flüssigkeitsaufnahme verwenden Sie am besten eine Spritze ohne Nadel. Damit geben Sie mindestens dreimal täglich die Flüssigkeit und die Nahrung direkt in das Mäulchen des Goldhamsters hinter seinen Schneidezähnen.

Der alte Hamster

Mittelhamster werden etwa 1,5 bis 3 Jahre alt, der älteste, von dem ich gehört habe, erreichte ein für Hamster »biblisches« Alter von 4 Jahren. Manche Tiere zeigen schon früh (ab 1,5 Jahren) Alterserscheinungen, andere werden sehr alt ohne jemals krank oder sichtbar alt gewesen zu sein. Ein alter Goldhamster schläft mehr, wird ruhiger, sein Fell wird struppig oder fällt teilweise aus und er verliert an Gewicht.

Bieten Sie Ihrem Goldie Herausforderungen, damit er lange fit bleibt.

Wenn Ihr älterer Hausgenosse diese Symptome zeigt, sollten Sie immer einen Tierarzt aufsuchen. Es könnte durchaus sein, dass diese Symptome auf eine heilbare Krankheit hinweisen und Ihr Tier noch lange zu leben hat, wenn Sie es behandeln lassen. Aber irgendwann wird es leider dazu kommen, dass der Goldhamster stark abnimmt, kein Interesse mehr an seiner Umwelt oder an der Nahrung zeigt. Wenn dann mit dem Tierarzt abgeklärt wurde, dass es sich um klare Alterserscheinungen handelt und er nicht behandelbar ist, sollten Sie sich überlegen, ob Sie Ihrem Gefährten ein langes und qualvolles Sterben ersparen. Das Einschläfern ist der letzte Freundschaftsdienst, den Sie ihm erweisen können.

Auf Menschen übertragbare Krankheiten

Nur selten bekommen Goldhamster Krankheiten, die auf den Menschen übertragbar sind, sie sollten aber dennoch erwähnt werden, um das Risiko einer Ansteckung möglichst gering zu halten. Hygiene in Haltung und Umgang ist der beste Schutz für den Menschen und das Tier.

Pilzbefall: Es finden sich beim Hamster hauptsächlich kreisrunde, haarlose, oft weißlich verschorfte Stellen, im Anfangsstadium meist an Ohren, Schnauze und Gliedmaßen, bei stärkerem Befall auch an Rücken und Bauch. Besteht ein Pilzverdacht, sollte unverzüglich der Tierarzt aufgesucht werden und gerade Kinder sollten den Kontakt mit dem Tier meiden. Wichtig: Hände desinfizieren!

LCM (Lymphozytäre Choriomeningitis): Die vom Adenovirus verursachte Infektion wird nur selten bemerkt, denn nicht alle infizierten Tiere erkranken daran. Meist tritt die Krankheit bei Tieren im Alter zwischen drei und sechs Monaten auf. Übertragen wird sie durch Ausscheidungen und Speichel. Symptome sind Entwicklungsstörungen, Krämpfe und Lähmungen. Beim Menschen kann der Erreger eine Hirnhautentzündung verursachen, bei Schwangeren besteht die Gefahr einer Schädigung des ungeborenen Kindes. Deswegen sollten Schwangere das Gehege nur mit Handschuhen reinigen und die Hände nach dem Tierkontakt desinfizieren.

Die häufigsten Erkrankungen

Symptome	Erkrankung und mögliche Ursache
Struppiges Fell, kahle Stellen im Fell, häufiges Kratzen, Krusten und Wunden	Parasitenbefall oder Pilzbefall. Auslöser sind z. B. Unsauberkeit, Stress, Wärme- und Feuchtigkeitsstau in Aquarien, falsche Einstreu, falscher Sand. Mangelerscheinungen durch Unterversorgung mit Vitamin A und E. Weitere mögliche Ursachen sind Verletzungen, Konflikt mit Artgenossen, hohes Alter. Schorfige Veränderung an den Lippen und Mundwinkeln können durch Vitaminmangel oder kleine Verletzungen verursacht werden.
Verschmierte Afterregion, breiiger Kot, Fressunlust	Durchfall. Die Ursachen können verdorbenes, schimmeliges Futter, kaltes, unverträgliches oder nasses Frischfutter, schnelle Futterumstellung, Stress, eine bakterielle Infektion (z. B. Colibacillose, Salmonellose oder Pastreurellose) oder verschluckte Teile von Plastik, Zigaretten, Zimmerpflanzen, Katzenstreu etc., sein.
Verklebte, trübe, geschlossene, eingefallene oder tränende Augen	Augeninfektion aufgrund von bakterieller Entzündung , begünstigt durch Zugluft, mangelnde Hygiene, Verletzungen am Auge durch Fremdkörper oder staubige Einstreu. Austrocknung durch Wassermangel oder Heizungsluft. Allgemeininfektion.
Nicht entleerte Backentaschen, Futterverweigerung, säuerlicher Geruch aus dem Maul	Backentaschen verstopft durch Hamsterwatte, zuckerhaltige Lebensmittel, wie Süßigkeiten, Drops oder Knabberstangen. Backentaschenentzündung durch Verletzung oder Infektion.
Niesen, Ausfluss aus der Nase, starke Flankenatmung, hörbares Atmen, Gewichtsverlust	Atemwegserkrankung oder bakterielle Infektion durch Zugluft, starke Temperaturschwankungen, trockene Heizungsluft, mangelnde Hygiene, staubige Einstreu oder Vitaminmangel.
Verhärtungen unter der Haut, angeschwollene Zitzen, Beulen	Tumore, geschwollene Lymphknoten, entzündete Talgdrüsen, oder durch Verletzungen hervorgerufene Abszesse.
Futterverweigerung, starke Gewichtsabnahme, eventuell Sabbern und Zähneknirschen	Zu lange Schneidezähne durch fehlendes Nagematerial, Veranlagung. Schiefe Schneide- oder Backenzähne aufgrund von Veranlagung. Abgebrochene Schneidezähne durch Unfall, Mangelerscheinung oder stressbedingtes Gitternagen.
Langsame Bewegungen wie bei einer Echse, nachlassende Aktivität, Lähmungen	Rückenverkrümmung durch ein zu kleines Laufrad (→ Seite 16). Verletzungen durch offene Speichen, Gitteretagen oder falsches Nistmaterial. Quetschungen oder Knochenbrüche.
Gewichtsverlust, starke Reizbarkeit	Dauerstress durch häufiges Wecken, Reinigen des Käfigs oder Hochnehmen. Stress durch Partner im Käfig.

Wichtig: Stellen Sie diese Symptome bei Ihrem Hamster fest, muss er vom Tierarzt behandelt werden.

Fragen rund um Ernährung und Pflege

Ich habe gehört, dass man Abwechslung in den Speiseplan von Goldies bringen soll, indem man die Trockenfuttersorten oft wechselt. Ist das richtig?
Ich kann nur dringend davon abraten, das Trockenfutter oft zu wechseln. Wenn Sie eine gute Futtermischung gefunden haben, sollten Sie dabei bleiben. Schneller Futterwechsel kann bei Goldhamstern zu Darmproblemen wie Durchfällen führen, außerdem verweigern manche Tiere Futtersorten, die sie nicht kennen. Eine gute Trockenfuttermischung ist ohnehin so reichhaltig und beinhaltet allein schon so viele verschiedene Bestandteile, dass einem Goldhamster damit nicht langweilig wird. Wollen Sie das Futter für Ihren Hausgenossen gern selbst mischen, kann ich Ihnen dieses Rezept empfehlen: Mischen Sie 300 g handelsübliches Hamstertrockenfutter, 50 g ungezuckertes Früchtemüsli, 100 g Trockengemüse, 150 g Vogelfutter (Kanarien- und Exotenvogelfutter), 50 g Vogelweichfutter (Zoofachhandel), 150 g Sechskorn-Getreidemischung und 100 g Kräutermischung (→ Seite 38).

Meine Goldhamsterdame hat manchmal gelblichen Ausfluss an der Scheide. Ist das schlimm?
Während der Empfängnisbereitschaft (Östrus) des Weibchens, fließt ein durchsichtiger Schleim aus der Scheide (Vulva). Dieser kann am folgenden Tag dicklich, zäh und gelblich sein. Er wird oft mit Eiter verwechselt, ist aber harmlos. Sollte dieser Schleim ständig vorhanden sein und wirkt das Tier krank, ist ein Tierarzt aufzusuchen.

Mein Teddy hat ganz gelbe Zähne. Muss ich sie nun regelmäßig putzen?
Gelbe Zähne sind für einen Goldhamster normal und sogar gesund. Die gelbe Farbe an der Vorderseite der oberen Schneidezähne ist eine harte Schicht Zahnschmelz. Sind die Zähne schön orange-gelb, ist der Goldhamster gesund.

Für einen lohnenden Leckerbissen ist dem ausdauernden Sammler kein Weg zu lang.

Hamster halten ihre Zähne kurz und sauber, indem sie Zweige benagen, darum benötigen sie für ihre Zahnpflege nur frische Zweige. Die Backenzähne eines Hamsters wachsen übrigens nicht nach, sie können genauso Karies und andere Zahnprobleme bekommen wie Menschen.

? Ich habe an den Seiten meines Goldhamsters schwarze Warzen entdeckt. Sind das Tumore?

In den Flanken, genauer etwas oberhalb der Flanken mehr zum Rücken hin, besitzt der Hamster auf beiden Seiten die so genannten Seitendrüsen. Es sind schwarz pigmentierte Talgdrüsen, die warzenartig aussehen und von kurzen, meist schwarzen Haaren umgeben sind. Diese Drüsen dienen der Reviermarkierung und sind normal und völlig harmlos.

? Mein Goldhamster hat stark angeschwollene Hoden. Ist das gefährlich?

Im Sommer, wenn es sehr heiß ist, schwellen die Hoden von Goldhamstern sehr stark an. Sie werden dann groß und oft auch rot. Das ist ganz normal, auf diese Weise wird der Samen im Hoden gekühlt. Es ist aber auch ein Zeichen dafür, dass der Hamster unter der Hitze leidet, sorgen Sie für Abkühlung. Streuen Sie einen Teil des Geheges mit Chinchillasand ein und legen Sie eine Kachel ins Gehege. Geben Sie einige Eiswürfel oder einen Kühlakku in eine Tüte, wickeln sie ein Tuch darum und legen Sie es auf einer Seite des Geheges oben auf das Gitter. Das kühlt die Luft im Gehege. Im Sommer ist Terrarien- oder Aquarienhaltung ausgesprochen unangenehm für die Tiere. Bieten Sie dann zusätzlich einen Gitterkäfig an oder stellen sie die Gehege an einen kühlen, aber zugfreien Platz in der Wohnung.

? Warum hat mein Goldhamster mich beim Einfangen angegriffen?

Er fühlte sich in die Enge gedrängt. Hamster stellen sich dann auf die Hinterbeine, fauchen und wenn das nicht hilft, können sie sogar beißen. Auch frei lebende Goldhamster verteidigen ihr Nest gegen wesentlich größere Tiere, wenn es sein muss. Fangen Sie ihn mit einer Dose ein, wenn er nicht freiwillig auf die Hand geht (→ Seite 25).

MEINE TIPPS FÜR SIE

Christine Breitkopf

Einen guten Tierarzt erkennen

Nicht jeder Tierarzt ist auf Goldhamster spezialisiert. Bevor Ihr Tier ernsthaft erkrankt, sollten Sie einen guten Tierarzt finden.

- Fragen Sie den Tierarzt vorab, ob er Erfahrungen mit Goldhamstern hat.
- Ein hamstererfahrener Tierarzt kann auch einen nicht zahmen Hamster hochnehmen und festhalten, ohne ihn am Nacken zu greifen.
- Er untersucht den Nager gründlich und fragt nach den Lebensumständen, bevor er die Diagnose erstellt.
- Er erklärt Ihnen genau, was er tut, welche Krankheit Ihr Hamster hat, wie der weitere Verlauf der Krankheit aussehen könnte und wie die Heilungschancen sind.
- Er erklärt, wie Sie die Medikamente anwenden müssen und ob weitere Pflegemaßnahmen nötig sind.
- Er nimmt sich Zeit, Ihre Fragen zu beantworten und zeigt Interesse an dem Tier.

Beschäftigungs-Programm

Freilauf ohne Risiko

Auch ein zahmer Goldhamster möchte natürlich einmal so richtig loslaufen und die Welt entdecken. So groß das Nagerheim auch sein mag, es bietet keinen Ersatz für den regelmäßigen Auslauf. Allerdings ist dieser immer mit Stress und mit Gefahren verbunden. Beides sollte der verantwortungsbewusste Halter so gering wie möglich halten.

Nicht alle Goldhamster werden so zutraulich zu Ihren Menschen.

Abenteurer auf Entdeckungstour

Wenn Ihr kleiner Hausgenosse handzahm ist, darf er Auslauf genießen. Anfangs sollte die ungewohnte Freiheit auf das Zimmer beschränkt sein, in dem seine Unterkunft steht (→ Checkliste rechts).

Selbstbestimmt: Der Goldhamster sollte immer selbstständig entscheiden können, ob er aus seinem Käfig heraus möchte oder nicht. Nimmt man ihn einfach aus seiner gewohnten Umgebung heraus und setzt ihn auf den Boden, bedeutet das für ihn enormen Stress. Denn er befindet sich dann plötzlich in einem »fremden« Revier voller fremder Gerüche – und das mag der Goldhamster gar nicht. Stellen Sie den Käfig einfach auf den Boden und öffnen Sie das Türchen.

Verlockung: Mit einem Leckerchen können Sie den Abenteurer nach draußen locken. Wenn er seinen Käfig selbst verlassen und betreten kann, besteht auch nicht die Gefahr, dass sie ihn umständlich einfangen müssen.

CHECKLISTE

Das hamstersichere Freilaufzimmer

Entfernen oder sichern Sie diese Gefahrenquellen, bevor Ihr Goldhamster seinen Auslauf genießen darf.

Gekippte oder offene Fenster

✔ Der Goldhamster könnte sich im Fenster einquetschen oder herunterfallen.

Kabel

✔ Der Goldhamster kann beim Annagen einen gefährlichen Stromschlag bekommen.

Gefährliche Zimmerpflanzen

✔ Hamster, die als Heimtier gehalten werden, unterscheiden nicht zwischen ungiftigen und giftigen Pflanzen (→ Seite 60). Auch stachelige Pflanzen sind gefährlich.

Andere Haustiere

✔ Für sie kann der Nager ein Beutetier sein (→ Seite 25).

Enge Ritzen

✔ Goldhamster zwängen sich durch jeden Spalt und können sich dabei einklemmen.

Plastiktüten, Plastikbehälter

✔ Der Goldhamster könnte sie annagen, die Kleinteile verschlucken und daran schwer erkranken oder hineinkriechen und darin ersticken.

Menschen

✔ Es besteht die Gefahr, dass der Geselle getreten oder sich auf ihn gesetzt wird.

1 Bergsteiger

Für eine Nuss tut ein Goldhamster fast alles und erklimmt sogar »luftige« Höhen in Erwartung der schmackhaften Belohnung. Üben Sie diesen Trick Schritt für Schritt ein und steigern Sie den Schwierigkeitsgrad langsam, damit Ihr Hausgenosse nicht überfordert wird. Werden Sie nicht ungeduldig, wenn der Geselle keine Lust hat.

2 Abfahrtslauf

Runter geht es immer schneller und schon hat der eifrige Bergsteiger die Leckerei erreicht. Macht Ihrem Goldhamster das gemeinsame Spiel sichtlich Spaß, können Sie ihn durch einen Parcours leiten (→ Seite 55). Nach zehn Minuten ist es aber immer Zeit für eine Belohnung – nach all der Mühe muss es ein Erfolgserlebnis geben.

Früher oder später wird er von sich aus in seinen Käfig zurück wollen. Sie können die Auslaufstunde interessanter gestalten, wenn Sie Entdeckungsmöglichkeiten im Auslaufzimmer anbieten, z. B. Leckerchen in Pappröhren oder Kartons verstecken.

Der Hamsterspielplatz

Es besteht nicht immer die Möglichkeit, eine Wohnung ganz hamstersicher einzurichten. Nicht alle Kabel können gut gesichert oder alle Ritzen abgedichtet werden – dann ist der Auslauf für den Hamster zu gefährlich. Einige Tiere werden auch nicht ganz zahm und so bleibt die Angst, dass sie nach dem Auslauf nicht mehr in ihren Käfig zurückkehren. Dann sind ein zusammenklappbarer Auslauf oder eine Auslaufkiste eine sinnvolle Alternative.

Flexible Bauweise: Im Zoofachhandel werden zusammenklappbare Ausläufe angeboten, die Sie ganz einfach auf- und wieder abbauen können. Diese bestehen aus mehreren Gitterteilen. Achten Sie aber auf die Größe der Gitterabstände (→ Seite 14).

Die Auslaufkiste: Sie können auch eine Kiste, z. B. aus Holz, in einer Ecke Ihrer Wohnung einrichten – ab einer Größe von einem Quadratmeter wird diese zu einem kleinen Goldhamsterparadies.

Viel zu entdecken: Sie können dort mit vielen Spielsachen und Futter ein kleines Abenteuerland für Ihren Nager aufbauen (→ Seite 52). Er sollte aber selbst entscheiden, ob er in den Auslauf möchte. Wird er unruhig und läuft ziellos umher, sucht er seinen Bau und sollte wieder in seinen Käfig zurück dürfen.

Spiel und Spaß

Goldies brauchen Beschäftigung. In freier Wildbahn verbringen sie jede Nacht drei bis vier Stunden außerhalb ihres Baus, sichern ihr Revier, suchen Futter und erkunden alles, was neu in der Umgebung ist. Auch Ihr zahmer Geselle möchte diese Abwechslung haben und kleine Hamsterabenteuer erleben.

Ein Ausflug in einen Laubhaufen ist immer ein spannendes Erlebnis.

Abwechslung hält fit

Goldhamster sind Gewohnheitstiere und dem sollte bei der Beschäftigung und beim Spiel auch Rechnung getragen werden. Trotzdem möchten sie jeden Tag etwas erleben. Sie sind lernfähig und je stärker ihre Sinne angeregt werden, umso mehr lernen sie und umso fröhlicher und aktiver bleibt Ihr Hausgenosse. Stellen Sie ihm jede Woche ein neues Spielzeug in den Auslauf und geben Sie ihm Zeit, es zu erkunden. Auch in seinem Käfig sollte er von Zeit zu Zeit einen neuen Einrichtungsgegenstand finden.

Das Buddelparadies

Als Wühler graben die Tiere bis zu einen Meter tiefe Gänge und Tunnel in die Erde. Natürlich möchte Ihr Goldhamster sich auch bei Ihnen zu Hause einmal so richtig »austoben«, ausgiebig buddeln und tolle Gänge bauen.

➤ Um ihm diesen Spaß zu ermöglichen, können Sie ihm aus einem Aquarium oder einer hohen Plastikwanne ein Buddelparadies bauen.

➤ Geben Sie normale Kleintierstreu oder eine dicke Schicht ungedüngten, frischen Torf hinein. Normale Blumenerde ist nicht geeignet, da sie meist gedüngt ist.

➤ Erde aus dem eigenen Garten darf nicht zu feucht, aber auch nicht staubtrocken sein, beides könnte zu Problemen mit den Atemwegen führen. Wollen Sie ganz sicher gehen, keine Krankheitskeime einzuschleppen, können Sie die Erde im Backofen bei 100 °C für 20 Minuten sterilisieren. Wenn Sie die Erde samt Gras ausgraben, sollten Sie die Grasoberfläche ein wenig ausschütteln und in Zecken geplagten Gebieten kurz untersuchen, damit sich diese Parasiten nicht ins Hamsterheim »einschleichen«.

➤ Wird das Buddelparadies mit einem festen Gitter abgedeckt, kann es zeitweise mit dem Käfig verbunden werden. Langhaarige Tiere müssen auf die Erde verzichten, ihr Fell saugt die Feuchtigkeit zu sehr auf. Bieten Sie Teddy und Co. nur Sand oder ein Erde-Sand-Gemisch an.

Ein Fest für die Sinne

Geben Sie dem Hamster eine Schale mit frischem oder getrocknetem Laub in den Käfig und er wird sich mit Begeisterung hineinstürzen und das Laub zerwühlen. Genauso interessant kann ein Heuberg sein, in dem Sie Leckerlis (→ Seite 38) verstecken. Einen Tag vor der Käfigreinigung können Sie auch ungedüngten Rasen mit Erde direkt im Käfig anbieten, noch enthaltene Käfer und Würmer sind willkommene Leckerbissen.

Der Freilauf in der Wohnung ist Aufregung pur für den vorwitzigen Nager. Passen Sie auf, dass er dabei nicht in Gefahr gerät.

Die schönsten Spielsachen für Ihren Goldhamster

Material und Bauweise	Spielspaß
Durchlöcherte Baumstümpfe (Zoofachhandel oder Eigenbau)	In ihnen können Sie Leckerchen verstecken, der Goldhamster rennt gern durch diese sicheren Holzröhren. Die Öffnungen der Baumstümpfe sollten mindestens 6 cm Durchmesser haben.
Korkröhren/Pappröhren (Zoofachhandel oder Eigenbau)	Röhren eigenen sich gut als Aufgänge zu höheren Etagen. Dunkle Röhren geben dem Tier das Gefühl, durch ein Tunnelsystem zu laufen, was seinen natürlichen Bedürfnissen entgegenkommt.
Brücken aus Holz, Kork oder Pappe (Zoofachhandel oder Eigenbau)	Brücken können als zusätzliche Unterschlüpfe dienen. Ebenso als Übergänge von einer Etage zur anderen oder um aus dem Käfig zu gelangen, ohne dabei über das Gitter laufen zu müssen.
Zweige von Apfel- oder Haselnussbäumen, Birken (Zoofachhandel oder Eigenbau)	Dicke Äste können als zusätzliche Klettermöglichkeiten angeboten werden. Sie dienen dem Zahnabrieb und können auch als Aufgang zu Etagen dienen. Naturäste riechen immer besonders interessant.
Gegenstände aus Ton, z. B. Kegel oder Übertöpfe (Zoofachhandel oder Eigenbau)	Sie können als zusätzliche Unterschlüpfe dienen. Es muss jedoch darauf geachtet werden, dass alle Löcher entweder größer als 6 cm sind oder verschlossen werden, sonst bleibt der Hamster stecken.

Futter ist die Motivation

Wenn Sie Ihrem Goldhamster etwas beibringen möchten, kommen Sie mit Leckerchen am besten zum Ziel. Damit können Sie ihn locken und zu Kunststücken anregen (→ Fotos Seite 51). Doch selbst mit ganz normalem Trockenfutter können Sie den Gesellen lange beschäftigen.

Beschäftigungsfutter

Goldies müssen sich ihr Futter erarbeiten und möchten nicht nur träge zum Napf laufen, sich die Backentaschen voll stopfen und wieder ausladen. Verstecken und verstreuen Sie das Trockenfutter im ganzen Gehege. Die Nager sind saubere Tiere, außer in der Hamstertoilette wird das Futter dabei nicht schmutzig.

- Verstecken Sie einen Teil des Trockenfutters in Heubergen, Eierkartons, in Pappröhren oder in Pappkartons.
- Erdnüsse mit Schale können Sie direkt in die Erde im Buddelkasten stecken.
- Wickeln Sie Trockenfutter in unbedrucktes Papier oder wasserlösliche Taschentücher.
- Frischfutter können Sie auch einmal auf Zweige aufspießen, die sie in einen Ziegelstein mit Löchern stecken. So ist der Geselle nach der allabendlichen Fellpflege lange damit beschäftigt, sein Futter zu suchen und zu sammeln.
- Sehr beliebt bei Hamstern sind kleine Graswiesen. Dazu nehmen Sie einen Blumentopf oder eine Pflanzschale aus Keramik und füllen diese mit ungedüngtem Torf. Dort hinein können Sie z. B. Mischungen aus Weizen, Gerste, Hafer, Gras und einem kleinen Kräuteranteil, z. B. Dill und Petersilie, aussäen. Wenn das Grün etwa zehn Zentimeter hoch steht, können Sie Ihrem Goldhamster diese »kleine Wiese« zum Fressen und Auseinandernehmen in den Käfig stellen. Gewöhnen Sie ihn vorher langsam an das ungewohnte Grün, indem Sie ihm zuerst nur ein Daumennagel großes Stück anbieten und die Portion täglich ein wenig vergrößern.

Eiersuche auf Hamsterart: Im Eierkarton aus Pappe lassen sich prima kleine Leckerchen für die Futtersuche verstecken.

Das Hamster-Labyrinth

Kaufen Sie Ihrem kleinen Hausgenossen ein Labyrinth aus Holz oder basteln Sie eines aus einem alten, unbedruckten Karton. Für die

selbst gebaute Variante klappen Sie den Pappkarton oben auf und zeichnen ein großzügiges Labyrinth ein. Achten Sie darauf, dass auch größere Kammern darin vorhanden sind. Entlang der eingezeichneten Linien kleben Sie mit einem Klebstoff auf Wasserbasis die Pappwände hochkant an – sie sollten etwa so hoch sein wie der Karton.
Naturforscher: Stellen Sie Ihrem Nager das Labyrinth beim Auslauf zur Verfügung und legen Sie ein Leckerchen an eine bestimmte Stelle. Beobachten Sie, wie lange Ihr Entdecker braucht, um das Leckerchen zu finden. Wiederholen Sie das täglich und Sie werden feststellen, dass Ihr Hamster nach ein paar Tagen ganz genau weiß, welche Wege er laufen muss, um an die Leckerei zu kommen.

Wie fit ist Ihr Goldhamster?

Beobachten Sie Ihren Goldhamster.	Ja	Nein
1. Ist Ihr Hamster abends und nachts länger als zwei Stunden unterwegs, um Futter zu sammeln, sein Revier zu erkunden und zu spielen?	☐	☐
2. Untersucht er neue Einrichtungsgegenstände sofort neugierig und zeigt keine Angst, wenn Sie etwas in seinem Käfig verändern?	☐	☐
3. Sammelt er fleißig alles angebotene Trockenfutter und legt er sich eine gut gefüllte Vorratskammer in seinem Häuschen an?	☐	☐
4. Putzt er sich Abends ausgiebig und ist sein Fell sauber und schön glänzend?	☐	☐
5. Ist Ihr Hamster am Freilauf interessiert und kommt er angelaufen, wenn Sie die Tür öffnen?	☐	☐
6. Wie reagiert Ihr Goldhamster, wenn Sie ihm neue Frischfuttersorten anbieten? Probiert er das ungewohnte Futter gleich neugierig aus?	☐	☐

5- bis 6-mal ja: Ihr Hamster ist superfit!
3- bis 4-mal ja: Sie haben einen sehr zufriedenen Hamster.
0- bis 2-mal ja: Ihr Hamster fühlt sich noch nicht ganz wohl. Bieten Sie ihm ein großes Gehege an und haben Sie noch etwas Geduld.

Spiele zu zweit

Hamster sind keine Schmusetiere, aber sie spielen gern mit ihrem Besitzer und können sogar kleine Kunststücke lernen. Lassen Sie Ihrem »Lehrling« dabei viel Zeit und seien Sie nicht frustriert, wenn er die Tricks nicht lernen möchte oder kann – es kommt auf die Beschäftigung an!

Der Taschen-Trick: Setzen Sie sich zu Ihrem Goldhamster, wenn er Auslauf hat. Legen Sie ein Leckerchen auf Ihre Füße. Nimmt er es, legen Sie es jeden Tag ein Stückchen höher, bis er irgendwann ganz selbstverständlich an ihnen hochklettert. Stecken Sie das Leckerchen dann in Ihre Jackentasche. Schnell wird Ihr Goldie lernen, dass er dort seinen täglichen Sonnenblumenkern oder seine Nuss vorfindet und von sich aus gern in die Tasche klettern.
Der Hindernis-Parcours: Fangen Sie mit einer Röhre an, durch die Ihr Hamster laufen muss, um an ein Stück Futter zu kommen. Erweitern Sie dann langsam mit immer mehr Hindernissen den Parcours, indem Sie z. B. Treppen, Brücken und Buddelkästen in die Strecke einbauen.

Fragen rund um Spiel und Spaß

Darf ich meinen Goldie mit nach draußen auf die Wiese nehmen?
Sicher wäre es schön, seinem Goldhamster einmal etwas Auslauf auf einer Wiese zu gönnen. Aber das Tier hätte dort große Angst, denn er wäre weit weg von seinem Revier und alle Gerüche wären ihm fremd. Es kann sehr schnell passieren, dass es einfach losrennt und dann in einem Erdloch oder Gebüsch verschwindet: In freier Natur hat ein Goldhamster bei uns keine Überlebenschance. Besser wäre es da sicher, einfach ein Stück von der Wiese mit zum Goldhamster zu nehmen (→ Seite 52). Das Stück Wiese kann man ihm dann in einen Buddelkasten oder direkt in den Käfig geben, so kann er ein Stück Natur in seinem Revier erkunden und läuft auch nicht weg.

Ich möchte meinen Goldhamster im Zimmer nicht frei laufen lassen. Kann ich ihm statt dessen einen »Joggingball« geben?
Verzichten Sie auf Laufkugeln aus Plastik, die sogenannten Joggingbälle und andere Spielzeuge, wie Autos mit Kugeln, in welche die Tiere eingesperrt werden, um damit durch die Wohnung zu rollen. Diese Kugeln sind sehr gefährlich und absolut nicht tiergerecht. Die Tiere können sich in solchen Geräten sehr schwer verletzen, z. B. durch Anstoßen, Herunterfallen von Treppen. Sie können durch die schlechte Belüftung Atemnot bekommen und stehen in dem Ball unter großem Stress. Außerdem sind die Kugeln meist so klein, dass der Goldhamster sich das Rückgrat verkrümmt. Ein Auslauf in der Laufkugel ist kein echter Auslauf, die Wände hindern den Hamster daran, etwas von seiner Umgebung zu sehen oder riechen, und das sind die wesentlichsten Dinge beim Auslauf.

Mein Goldhamster ist aus dem Käfig ausgebrochen. Wie kann ich ihn nun wieder einfangen?
Versuchen Sie herauszufinden, ob Ihr Goldhamster sich noch im Raum befindet. Dazu werden genau abgezählte Sonnenblumenkerne an verschiedene Ecken des Raumes

Getreideähren sind ein tolles Beschäftigungsfutter für die aktiven Goldhamster.

gelegt. Nimmt der Hamster sich dort sein Futter weg, erfahren Sie so schon, wo er sein könnte. Wenn Sie ihn an dieser Stelle nicht mit einem Karton einfangen können oder ihn nicht finden, sollten Sie seinen Käfig dort aufstellen. Nehmen Sie die Käfigtür heraus und ersetzten sie diese durch eine Klappe. Dazu binden Sie einfach eine dickes Stück Pappe, das größer als die Tür ist, von innen über die Tür ans Gitter. Dann wird eine Futterspur in Richtung Käfig gelegt und eine Portion von seinem Lieblingsfutter direkt in den Käfig. Mit etwas Glück krabbelt der Goldhamster nun zurück in sein Zuhause. Sie können auch stattdessen große Lebendfallen aufstellen, welche Sie im Zoofachgeschäft bekommen.

? Im Zoogeschäft gibt es lange durchsichtige Plastikröhren. Kann ich meinem Teddyhamster damit ein tolles Labyrinth bauen?
Leider sind diese Plastikröhren überhaupt nicht für Mittelhamster geeignet. In ihnen herrscht trotz Lüftungsschlitzen keine ausreichende Luftzirkulation und sie sind schwer zu reinigen. Außerdem kann sich Ihr Teddy in einem durchsichtigen Labyrinth nicht verstecken, es bietet ihm keine Rückzugsmöglichkeit. Meistens sind diese Röhren auch zu eng und der Hamster muss sich regelrecht durchquetschen. Eine gute Alternative sind Spielröhren für Frettchen, die Sie ebenfalls im Zoofachhandel bekommen – sie sind groß und leicht zu reinigen und lassen sich zu Labyrinthen zusammenbauen. Sie können aber auch Versand- oder Teppichrollen aus Pappe verwenden oder selbst Röhren basteln (→ Meine Tipps Seite 19). Die am besten für Goldhamster geeigneten Röhren bestehen aus Kork und sind im Zoofachhandel beim Aquarienzubehör zu bekommen.

? Ich möchte das Holzhäuschen meines Goldhamsters bunt anmalen. Schadet ihm die Farbe?
Sie dürfen keine handelsübliche Farbe verwenden, die kann Ihrem Goldhamster tatsächlich schaden, da sie oft Lösungsmittel und andere Chemikalien enthält. Benutzen Sie stattdessen Lebensmittelfarben, um das Hamsterhaus zu verschönern.

MEINE TIPPS FÜR SIE

Christine Breitkopf

Unfälle vermeiden

- Teilen Sie den Auslaufbereich vom übrigen Zimmer ab oder beseitigen Sie vorher alle Gefahrenquellen (→ Checkliste Seite 50).
- Teilen Sie allen Mitbewohnern mit, dass Sie Ihrem Goldhamster Auslauf geben, so wird niemand aus Versehen auf ihn treten.
- Lassen Sie den Hamster niemals unbeaufsichtigt auf dem Tisch laufen, er kann Höhen nicht einschätzen und würde herunterfallen.
- Achten Sie bei der Käfigeinrichtung darauf, dass der Goldhamster nicht tiefer als 40 cm fallen kann und ihm keine spitzen Gegenstände gefährlich werden können. Sichern Sie Höhen gegebenenfalls mit Hängematten aus Leinen ab – als »Sprungtuch«.
- Holzleitern, deren Sprossen einen Abstand haben, der größer als 3 cm ist, können Unfälle mit Quetschungen und Brüchen verursachen.

Halbfett gesetzte Seitenzahlen verweisen auf Abbildungen, U = Umschlagseite.

Adressen

Verbände/Vereine

Vermittlung von Notfalltieren und Urlaubspflegeplätzen, Beratung zu Haltung, Gesundheit, Ernährung, Verhaltensweisen und Tierschutz:

➤ Nagerhilfe Osnabrück, Christine Breitkopf, info@nager-info.de, www.nager-info.de

➤ Tierärztliche Vereinigung für Tierschutz e. V. (TVT), Geschäftsstelle: Bramscher Allee 5, 49565 Bramsche, www.tierschutz-tvt.de

Diese Vereine und Verbände nennen Ihnen gern Adressen von Züchtern in Ihrer Nähe:

➤ Verein für Nagetiere & Kleinsäuger (VNK), Detlev Warmbier, Mollgasse 11, 1018 Bottrop, www.nagetier-vnk.de

➤ Zentralverband Deutscher Meerschweinchen und Nagervereine, Martin Mantel, Dr.-Ambundi-Str. 27, 97437 Haßfurt, Tel./Fax 0 95 21/14 30

➤ Rassezuchtverband Österreichischer Kleintierzüchter (RÖK), Geschäftsstelle: Birkenstr. 39, 46242 Wien, www.kleintierzucht-roek.at

AN UNSERE LESER

➤ Treten bei Ihrem Hamster Krankheitsanzeichen auf, gehört er in die Hand eines Tierarztes.

➤ Wenige Krankheiten sind auf den Menschen übertragbar. Gehen Sie bei Ansteckungsverdacht zum Arzt. Das gilt besonders, wenn Sie von einem Tier gebissen wurden.

➤ Manche Menschen reagieren allergisch auf Tierhaare. Fragen Sie vor dem Kauf eines Hamsters den Hausarzt.

Goldhamster im Internet

Tipps zur Ernährung, Pflege und Gesundheit, Foren und Mailinglisten finden Sie auf diesen Internetseiten:

➤ www.hamsterhaltung.de

➤ www.biologie.uni-halle.de/zool/general/index.html

➤ www.hamster-wissen.de

➤ www.hamsterhilfe.org

➤ www.hamsterseiten.de

➤ www.aramis-research.ch-/d/1218.html

Informationen über giftige Pflanzen erhalten Sie unter:

➤ www.vetpharm.unizh.ch/perldocs/toxsyqry.htm

Fragen zur Haltung beantworten

Ihr Zoofachhändler und der Zentralverband Zoologischer Fachbetriebe Deutschlands e. V. (ZZF), Rheinstr. 35, 63225 Langen, Tel. 0 61 03/91 07 32 (nur telef. Auskunft möglich), www.zzf.de

Bücher

➤ Gabrisch, K.: Krankheiten der Heimtiere. Schlütersche Verlagsanstalt, Hannover

➤ Verhoef-Verhallen, E.: Kaninchen und Nagetiere Enzyklopädie. Nebel Verlag, Erlangen

Veröffentlichungen

➤ Gattermann, Prof. Dr. R.: 70 Jahre Goldhamster in Menschlicher Obhut. (Einzusehen unter www.hamsterhaltung.de)

Zeitschriften

➤ Rodentia. Natur und Tier Verlag, Münster

Dank

für die Unterstützung bei der Fotoproduktion den Firmen Wagner & Keller (Freiburg), europet (Nürnberg) und den Zoohandlungen Utke (Esslingen) und Graf (Esslingen).

Die Autorin

Christine Breitkopf beschäftigt sich seit ihrer Jugend intensiv mit Nagetieren. 1998 gründete Sie die »Nagerhilfe« und informiert Halter nach neuesten wissenschaftlichen Erkenntnissen über Haltung, Ernährung und Gesundheit. Dazu steht sie in ständigem Kontakt mit Haltern, Züchtern, Tierärzten und Universitäten und besucht Fortbildungen zum Thema.

Die Fotografin

Regina Kuhn ist freie Fotodesignerin und Bildjournalistin mit dem Spezialgebiet Natur und Tiere. In Zusammenarbeit mit namhaften Verlagen entstanden zahlreiche Bücher, Reportagen und Kalender.

Impressum

© 2004 Gräfe und Unzer Verlag GmbH, München. Alle Rechte vorbehalten. Nachdruck, auch auszugsweise, sowie Verbreitung durch Bild, Funk, Fernsehen und Internet, durch fotomechanische Wiedergabe, Tonträger und Datenverarbeitungssysteme jeder Art nur mit schriftlicher Genehmigung des Verlages.

Redaktion: Judith Starck
Lektorat: Heike Schmidt-Röger
Layout: independent Medien-Design, München
Satz: Uhl + Massopust, Aalen
Produktion: Bettina Häfele
Repro: Fotolito Longo, Bozen
Druck und Bindung: Kaufmann, Lahr
Printed in Germany
ISBN 3-7742-6313-2

Auflage	4.	3.	2.	1.
Jahr	2007	06	05	04

GRÄFE UND UNZER

Ein Unternehmen der
GANSKE VERLAGSGRUPPE

> GU-Experten-Service

Haben Sie Fragen zu Haltung und Pflege? Dann schreiben Sie uns (bitte Adresse angeben). Unsere Expertin Christine Breitkopf hilft Ihnen gern weiter. Unsere Adresse finden Sie rechts.

DAS ORIGINAL · GU · MIT GARANTIE

Das Original mit Garantie

Ihre Meinung ist uns wichtig. Deshalb möchten wir Ihre Kritik, gerne aber auch Ihr Lob erfahren. Um als führender Ratgeberverlag für Sie noch besser zu werden. Darum: Schreiben Sie uns! Wir freuen uns auf Ihre Post und wünschen Ihnen viel Spaß mit Ihrem GU-Ratgeber.

Unsere Garantie: Sollte ein GU-Ratgeber einmal einen Fehler enthalten, schicken Sie uns das Buch mit einem kleinen Hinweis und der Quittung innerhalb von sechs Monaten nach dem Kauf zurück. Wir tauschen Ihnen den GU-Ratgeber gegen einen anderen zum gleichen oder ähnlichen Thema um.

Ihr Gräfe und Unzer Verlag
Redaktion Haus & Garten
Stichwort: Tierratgeber
Postfach 86 03 25
81630 München
Fax: 0 89/41 98 1-1 13
E-Mail:
leserservice@
graefe-und-unzer.de

Mein Goldhamster

Name: ______________________________

So füttere ich ihn:

____

____

____

Lieblingsspiele und Spielzeug:

____

____

____

So will er gepflegt werden:

____

____

____

Das sind seine Eigenheiten:

____

____

____

Besondere Kennzeichen:

____

____

____

Das ist sein Tierarzt:

____

____

____

GU TIERRATGEBER

damit es Ihrem Heimtier gut geht

ISBN 3-7742-5583-0
64 Seiten | € 7,90 [D]

ISBN 3-7742-5664-0
64 Seiten | € 7,90 [D]

ISBN 3-7742-5585-7
64 Seiten | € 7,90 [D]

ISBN 3-7742-5588-1
64 Seiten | € 7,90 [D]

ISBN 3-7742-5582-2
64 Seiten | € 7,90 [D]

Tierisch gut! Die Welt der Heimtiere entdecken und alles erfahren, was man schon immer über sie wissen wollte. So klappt das Miteinander von Anfang an – mit Wohlfühl-Garantie fürs Tier.

WEITERE LIEFERBARE TITEL BEI GU:

➤ GU TIERRATGEBER: **Zwergkaninchen, Frettchen, Meerschweinchen, Kaninchen, Streifenhörnchen, Chinchillas**

GU

Gutgemacht. Gutgelaunt.

Änderungen und Irrtum vorbehalten.

FUTTERVIELFALT

Hamster sind keine Vegetarier. Deshalb benötigen die Feinschmecker neben abwechslungsreichem **Frischfutter** und **Trockenfutter** auch tierische Nahrung, z. B. Mehlwürmer oder Hundeleckerchen. Besonders trächtige Weibchen benötigen mehr eiweißreiche Kost.

Wohlfühl-Garantie für Goldhamster

ENTDECKER

Damit Langweile keine Chance hat, braucht Ihr Hamster regelmäßig **neue Spielsachen** in seinem Gehege. Verändern Sie aber niemals das ganze Hamsterheim auf einmal, ein neues Spielzeug pro Woche reicht schon aus, denn Ihr Goldhamster ist ein **Gewohnheitstier.**

ALLEIN GLÜCKLICHER

Goldhamster vertragen sich überhaupt nicht miteinander. Nur zur Paarung treffen sie für **kurze Zeit** zusammen. Auch wenn Sie mehrere Hamster pflegen, sollten die Gehege nicht eng beieinander stehen – allein schon der Geruch des **Artgenossen** bedeutet Stress.

TOPFIT

Ein sauber gehaltener und gut ernährter Hamster wird selten krank. Sollten Ihnen bei Ihrem Goldie aber doch **Krankheitsanzeichen** auffallen, müssen Sie ihn unverzüglich zum **Tierarzt** bringen. Auch eine harmlose Krankheit kann schnell lebensbedrohlich werden.